Reinhold Ruthe
Machtgier und Geltungssucht

Reinhold Ruthe

Machtgier und Geltungssucht

Strategien für ein
konstruktives Zusammenleben

Brendow
VERLAG + MEDIEN

Bibliografische Information Der Deutschen Bibliothek
Die Deutsche Bibliothek verzeichnet diese Publikation in der Deutschen Nationalbibliografie; detaillierte bibliografische Daten sind im Internet über http://dnb.ddb.de abrufbar.

ISBN 3-86506-031-5

Einbandgestaltung: BrendowCreativ, Moers
Titelfoto: Getty Images
Satz: Hans Winkens, Wegberg
Druck und Bindung: Clausen & Bosse, Leck
Printed in Germany

www.brendow-verlag.de

Inhalt

Vorwort

Seit dem Ereignis, das die Bibel uns als Sündenfall schildert, sind Machtmenschen und Machtstrukturen an der Tagesordnung.

Die biblischen Gestalten Kain und Abel sind ein Gleichnis für

- Stärke und Schwäche,
- Macht und Ohnmacht,
- Herrschaft und Unterlegenheit,
- Täter und Opfer.

Wir sehen daran: Seit Menschengedenken gehören Rivalität und Konkurrenzkampf zu den gängigen Umgangsmustern. Das Leben ist hart, Ellbogen und Kampfspiele gehören zum üblichen Ritual. Wir drücken das sogar in Worten aus: Wir *boxen* und *schlagen* uns durch den Alltag.

Machtkämpfe sind aber auch die Ursache für die meisten Beziehungsstörungen. Schwache und Langsame werden überrollt, Nachgiebige werden überfahren, Anlehnungsbedürftige an die Wand gespielt. Es geht darum:

- Wer setzt sich durch?
- Wer hat das letzte Wort?
- Wer siegt und wer geht unter?

Alfred Adler, Pädagoge und Menschenkenner, war der festen Überzeugung, dass Machtstreben das »hervorstechendste Übel in der Kultur der Menschheit« ist.

Machtstreben und Machthunger sind nicht angeboren, sie entwickeln sich in der Regel aus starken Minderwertigkeitsgefühlen und Selbstwertstörungen. Das kleine Kind will groß, stark und mächtig werden. Wird es jedoch missachtet, vernachlässigt und lieblos behandelt, kann sich daraus ein gemeinschaftsfeindliches Machtstreben ergeben. Wenn sich aus dem Kind ein Erwachsener entwickelt hat, will er herrschen, Macht ausüben, kontrollieren und seinen Geltungshunger befriedigen.

Viele Machtstrategien verstecken sich unter anderem hinter:

- Dominanzstreben,
- Perfektionismus,
- Misstrauen,
- Ungeduld,
- Überredung.

Machtmenschen sind ziel- und ergebnisorientiert. Sie überrunden andere. Bei ihnen hat die Effektivität Vorrang. Machtmenschen gibt es in allen Bereichen: im Alltag, im Berufsleben, aber auch in Kirchen und Gemeinden.

Machtmenschen verstehen es aufgrund ihrer Begabung und Stärke,

- passive Menschen in ihren Bann zu ziehen,
- schwache Menschen zu führen,
- schwerfällige Menschen zu beeinflussen,
- unmündige Menschen zu übervorteilen und
- schweigsame Menschen zu unterdrücken.

Wer Macht in der Erziehung favorisiert und missbraucht, bekommt es mit Widerstand, Trotz, Rebellion, Zorn, Feindseligkeit, Ungehorsam, Disziplinlosigkeit, Rückzug und Racheakten zu tun.

Der Missbrauch der Macht ist ein menschliches und geistliches Fehlziel. Der Apostel Paulus warnt die Christenheit vor »falschen Aposteln«, Machtmenschen und »Verrückten« – als solche bezeichnet er sie –, wenn er schreibt:

»*Ihr seid ja vernünftig und lasst euch deshalb von jedem Verrückten alles gern gefallen. Ihr duldet es, wenn einer euch unterdrückt, euch einwickelt und ausbeutet, euch verachtet und ins Gesicht schlägt. Ich muss zu meiner Schande gestehen: Dazu war ich zu schüchtern.*« (2. Korinther 11, 19–21)

In der »Regierungserklärung«, die Jesus mit seiner Bergpredigt abgibt, preist er die »Sanftmütigen« und bezeichnet sie als »selig«, nicht die Machthungrigen! Die »Gute Nachricht« formuliert noch deutlicher:

»*Freuen dürfen sich alle, die keine Gewalt anwenden; denn Gott wird ihnen die Erde zum Besitz geben.*« (Matthäus 5,5)

In der Geschichte – auch in der Kirchengeschichte – ist der Missbrauch der Macht ein nie enden wollendes Thema geblieben. Jesus hat sich vehement gegen alle unerlaubten Machtvorstellungen gewehrt. Seinen Jüngern hat er nicht den Rat gegeben, über andere zu herrschen und ihnen die Köpfe zu waschen, sondern ihnen zu dienen und ihnen die Füße zu säubern.

In meinem Buch biete ich praktische Hilfen dafür an, wie Eltern und Erzieher ihre Kinder ohne Gewalt und Machtmissbrauch erziehen, wie Ehen ohne Machtkampfspiele auskommen und Menschen in privater und öffentlicher Verantwortung auf autoritäre Praktiken verzichten können.

KAPITEL 1

Der Wille zur Macht

Macht und Machtstreben spielen im menschlichen Leben eine entscheidende Rolle. Schon im Paradies lockte der Versucher den Menschen mit Machtfantasien: *»Ihr werdet sein wie Gott!«*

Ein schöpferischer Lebensdrang

Das Machtstreben hat zunächst durchaus eine positive Seite. Der kleine Mensch strebt vom Minus zum Plus, von der Unzulänglichkeit zur Geltung, von der Schwäche zur Stärke, von der Ohnmacht zur Überlegenheit.

Die biologischen Wurzeln des Machtstrebens, die Gott den Menschen eingepflanzt hat, sind unschwer abzulesen. Macht ist eine kompensatorische Kraft dafür,

- Minderwertigkeitsgefühle zu überwinden,
- Unsicherheiten auszugleichen,
- Gefühlen des Kleinseins ein Ende zu bereiten.

Der Drang zur Selbstverwirklichung, zur Selbsterhaltung und zur Daseinsgestaltung ist ein schöpfungsgemäßer Lebensdrang. Zu etwas imstande sein, etwas können oder vermögen, heißt lateinisch *»posse«*, französisch *»pouvoir«*. Auch dass im Französischen »Können« und »Macht« mit demselben Wort bezeichnet werden, zeigt die nahe Verwandtschaft von »Mächtigsein« und »Zu-etwas-imstande-sein«.

- Wer leben will, muss Macht besitzen,
- wer leben will, muss sich durchsetzen können,
- wer leben will, muss sich behaupten können,
- wer leben will, muss sich verwirklichen.

Diese Art von Macht ist ein Werkzeug, aber niemals Selbstzweck.

Ein Kind kommt klein und hilflos zur Welt. Es ist der Wille unseres Schöpfers, dass es wächst und ermächtigt wird, das Leben zu meistern. In seinem seelischen Organ entsteht ein Strom von Sehnsucht danach, zu wachsen. Es will gleichrangig oder stärker sein als andere, will diejenigen überragen, die es um sich herum hat.

Zwei gegensätzliche Möglichkeiten hat das Kind: Entweder es kann seine Macht und seine Fähigkeiten entfalten, lernt, sich Raum zu verschaffen und sich durchzusetzen. Oder es lernt, seine Schwäche auszunutzen, sich bedienen zu lassen und dadurch andere in seinen Dienst zu stellen.

Das Streben nach *Macht* muss genauestens vom Streben nach *Geltung* unterschieden werden. Gelten will jemand, der

- andere überflügeln will,
- Macht über andere ausüben möchte,
- andere beneidet,
- bewundert und beachtet werden will.

Ein Kind, das seinem schöpferischen Drang folgt, hat alle Möglichkeiten, ein positives Mitglied in der Gemeinschaft bzw. der Gesellschaft zu werden.

Der Machtkomplex

Das Streben nach uneingeschränkter Macht ist lebensfeindlich. Wird die Schwäche des Kindes ausgenutzt, verstärkt sich auch sein Ohnmachtsgefühl und es kommt das berüchtigte Geltungsstreben ins Spiel. Ein negativer Machtkomplex aber beherrscht den heranwachsenden Menschen. Dient das Machtstreben nicht mehr dem Nächsten oder der Gemeinschaft, wird es zu einem Gefühl der Überlegenheit, zu einem »Streben nach Gottähnlichkeit«, wie Alfred Adler es genannt hat.

Der Mensch

- will besser,
- will größer,
- will stärker,
- will tüchtiger,
- will überlegener sein.

Der Machtkomplex ist der Über-Ausgleich von Unsicherheit und Minderwertigkeit. Der Mensch fühlt sich klein, unterlegen und schwach. Durch den Machtkomplex soll diese menschliche Schwäche ausgeglichen werden. Die Folgen davon sind dann:

- Herrschsucht,
- übergroßer Ehrgeiz,
- aggressive Überlegenheit,
- Egoismus.

Wir leben in einer Zeit und einer Kultur, die uns mit großem Nachdruck auf »Egoismus« dressieren. In der Wirtschaft wird der Kampf »Jeder gegen jeden« als die einzig mögliche Doktrin vertreten. Wer viel Geld an sich raffen kann, genießt Ruhm und Anerkennung. Tüchtigkeit und menschliche Größe werden bei vielen Zeitgenossen definiert als: »Viel Geld verdienen können«.

Auch die physische Überlegenheit wird auf teilweise kindische Weise hochgezüchtet. Der Massenbetrieb im Sport ist ein Indiz dafür.

Schon das kleine Kind lernt, dass es nichts von seinem Besitz hergeben darf. »Mein« und »Dein« werden strikt auseinander gehalten. Später werden Konkurrenzgeist und Wettbewerbsstreben in der Schule stimuliert. Die Erfolge der Mitschüler werden beneidet. Das Glück des einen wird zum Unglück des anderen. Lob für den einen Mitschüler wird zur Degradierung des anderen, schwächeren Schulkameraden.

Was also lernt der Schüler?

- »Jeder ist sich selbst der Nächste!«
- »Der andere ist mein Konkurrent!«
- »Erst komme ich!«

Das Wir ist völlig uninteressant, und so bleiben auch Nächstenliebe und Gemeinschaftsgeist auf der Strecke.

Dieses destruktive Machtstreben ist gemeinschaftsfeindlich. Der Mitmensch wird missbraucht und ausgebeutet.

Der Machtkomplex hat zur Folge, dass auf allen Gebieten unseres Lebens Machtkämpfe installiert werden. In der Familie, in der Ehe, auf dem Schulhof, in der Wirtschaft und am Arbeitsplatz. Der Wille zum Leben wird missbraucht und Machtkämpfe zerrütten das Zusammenleben.

Überkompensation und Machtstreben

Alfred Adler pflegte zu sagen: »*Mensch sein heißt, ein Minderwertigkeitsgefühl zu haben, das zur Kompensation drängt.*«

Fast ein Drittel seines Lebens verbringt der Mensch im

Schoße seiner Familie. Er kann nur »Mensch« werden, wenn die Gemeinschaft ihn während seiner schwierigen und komplizierten Entwicklungszeit fördert und sich seiner in tausend Belangen annimmt.

Im Grunde kommt der Mensch als unvollständiges Wesen zur Welt. Er muss alles lernen: sprechen, kriechen, gehen, laufen, essen. Bei Tieren ist es anders. Viele können sofort nach ihrer Geburt laufen – wenn auch staksig – und fressen das Gras, das vor ihnen wächst.

Was hat das aber mit Geltungs- und Machtstreben zu tun? Wie kommt es dazu?

Für uns Menschen ist es nur schwer erträglich, im Zustand der »Minderwertigkeit« zu leben. Hinzu kommt die Angst, die wir als etwas Zersetzendes empfinden. Daher entwickelt bereits die kindliche Seele Abwehrmechanismen, um dieses Gefühl des Versagens zu überwinden. Die Unterlegenheitsempfindungen sind für viele unerträglich und sie ersinnen Verhaltensmuster, um diesem Dilemma zu entfliehen. Übertriebener Ehrgeiz und Machtstreben gehören zu den Reaktionen eines Kindes, um die Selbstwertstörung zu meistern.

Wie bereits gesagt, ist gesunder Ehrgeiz und gesundes Geltungsstreben nicht unbedingt als krankhaft zu beurteilen. Bei seelisch intakten Menschen besteht immer auch der Wunsch nach Leistung und Anerkennung. Dieser ist jedoch in erster Linie *sachlich* orientiert, nicht *egoistisch*.

Bei sensiblen und gestörten Kindern hingegen, die von bedrängenden Minderwertigkeitsgefühlen heimgesucht werden,

- steht das *Geltenwollen* im Vordergrund,
- schält sich ein *übertriebener* Ehrgeiz heraus,
- spielt ein *Geltungshunger* eine Rolle,
- kommt es häufig zu *krankhaftem* Machtstreben.

Diese Art Machtstreben ist gegen die Gemeinschaft gerichtet. Sie ist egoistisch und ein Feind der Nächstenliebe, wie sie in der Bibel beschrieben wird.

Die unbewussten Ziele der Macht

Die Tatsache, dass der Mensch nach biblischer Auffassung ein Sünder ist, beinhaltet auch, dass er die angeborene Vitalität missbrauchen kann. Das heißt, er kann den gottgewollten Lebenswillen negativ ausleben.

Was geschieht, wenn Kinder ihre Macht missbrauchen?

Jedes Kind, das in der Umgebung von Erwachsenen lebt, wird dazu verleitet, sich klein, schwach und unzulänglich zu fühlen. Hier setzen nun die Erziehungsfehler ein. Wenn man von einem Kind zu viel verlangt, rückt man ihm das Gefühl seiner Nichtigkeit noch deutlicher vor die Seele.

Andere Kinder haben das Gefühl,

- sie werden bewusst klein gehalten;
- sie werden nicht ernst genommen;
- sie erfahren, dass sie ein Niemand sind;
- sie registrieren, dass sie ausgelacht werden;
- sie beobachten, dass ihre Rechte beschnitten werden;
- sie erleben sich als Ballast, stehen im Wege oder haben das Gefühl, ständig alles falsch zu machen.

Karlpeter Breuer schreibt in seinem Buch über Thomas Gordon, dass Eltern und Erzieher häufig von *schlechtem Benehmen* bei Kindern und Jugendlichen reden. Der Ausdruck »schlechtes Benehmen« wird fast ausschließlich auf Kinder angewandt, man verwendet ihn aber nicht, wenn es z. B. um Ehepartner, Eltern und Freunde geht. Breuer schreibt:

»Der Ausdruck ›schlechtes Benehmen‹ gehört in den Bereich der

Elternsprache. Eltern behaupten, dass Kinder sich schlecht benehmen, wenn ihre Taten (oder ihr Verhalten) sich zu den Wünschen der Erzieher konträr verhalten. Genauer: Schlechtes Benehmen entspricht irgendeinem Verhalten, das für die Eltern mit negativen Folgen verbunden ist. (...) Alles, was ein Kind tut oder sagt, entspricht einem spezifischen Verhalten. Wenn man die Dinge so sieht, verhält sich das Kind den ganzen Tag auf eine bestimmte Weise. Und aus dem gleichen Grunde verhalten sich auch alle anderen Wesen auf eine bestimmte Weise – sie versuchen, ihre Bedürfnisse zu befriedigen.«[1]

Daraus geht hervor:

- Kinder befriedigen ihre Bedürfnisse und ecken bei ihren Erziehern an,
- Kinder nehmen ihre Interessen wahr und erfahren dies als »schlechtes Benehmen«.

Eltern, denen das bewusst ist und die das akzeptieren können, geraten mit ihren Kindern weniger in einen Machtkampf hinein. Sie erkennen nämlich: Das Kind will niemandem etwas antun, es will die Erwachsenen nicht ärgern, es versucht, etwas für sich zu tun!

Jeder Mensch verfolgt mit seinen Verhaltensmustern Ziele und Absichten, und der kleine Mensch schafft sich aus seinen Erfahrungen mit seiner Umwelt seinen eigenen Lebensstil, seine Art zu denken, zu leben, zu lieben, zu fühlen und zu glauben.

Der Lebensstil, das sind die Lebensgrundüberzeugungen, die der Mensch sich zulegt, um mit ihnen sein Leben zu meistern.

Was Macht ist, lernt das Kind gleich nach der Geburt kennen. Es schreit und erlebt, dass die Erwachsenen an sein Bett kommen. Der Säugling lernt sofort, sich bemerkbar zu machen, das Leben zu beherrschen, Macht zu haben – und auch zu genießen. Professor Dreikurs, ein amerikanischer Psychiater und Pädagoge, ist der Meinung, dass schon Säuglinge, die vierzehn Tage auf der Welt sind, genau »wissen«, wie sie schreien müssen, um die Erwachsenen herbeizuzitieren.

Wenn der Säugling verwöhnt wird, spielt er sich gern zum Tyrannen auf. Ein perfektes Hand-in-Hand-Spiel läuft ab. Das Kind benutzt seine Macht allerdings nicht boshaft, es ist vielmehr so, dass das Wechselspiel von Durchsetzungsverhalten des Säuglings und der Verwöhnungshaltung der Eltern dieses unsoziale Machtstreben produziert. Das Kind wird in seinem Machtstreben und seiner Herrschsucht noch bestärkt, alle Register zu ziehen, und die Umgebung spielt aus Unverständnis mit.

Die Macht der Machtlosen

Macht ist ein vielschichtiges Gebilde. Es gibt nicht *die* Macht, es existieren vielmehr ungezählte Machtstrukturen.

Ohn-Macht ist solch eine Form von Macht. Alfred Adler sagte einmal: *»Hilflosigkeit ist die größte Machtentfaltung, die es gibt.«*

Was heißt das?

- Der Hilflose erzwingt unseren Beistand,
- der Hilflose versteht es meisterhaft, Angehörige, Partner und Kinder zu fesseln,
- der Schwache spricht das Mitleid des Starken an.

Der amerikanische Psychiater und Therapeut Seligman hat den Ausdruck »erlernte Hilflosigkeit« geprägt. Besonders der Depressive ist damit gekennzeichnet. Er versteht es, seine Umgebung für sich in Beschlag zu nehmen. Alles dreht sich um ihn. Viele Krankheiten, die von uns als Schwächen bezeichnet werden, sind nichts anderes als Machtmittel, um die Umgebung zu fesseln, um Menschen zu zwingen, um die Aufmerksamkeit auf sich zu ziehen.

Diese Verhaltensmuster verlaufen unbewusst. Der Mensch handelt so, als sei er nur auf diese Weise in der Lage, sein Leben zu gestalten und zu meistern. Eine intelligente Frau, die ihre gesamte Umgebung – Freunde, Nachbarn und Mitglieder der Kirchengemeinde – »an der Leine führt«, sagte mir in einem Beratungsgespräch ehrlich und zugleich resigniert: »Wenn ich gesund bin, liebt mich ja keiner mehr. Dann kümmert sich kein Mensch um mich!« Sie hatte auf ihre Weise Recht. Ihr Leben bekommt dann Wert, wenn sie schwach ist. Sie übt Macht aus, wenn sie krank ist. Und sie hat Gewinn, wenn sie sich hilflos gibt.

Machtmissbrauch geschieht auf verschiedene Weise

Betrachten wir nun einmal, welche Möglichkeiten es gibt, Macht zu missbrauchen.

- *Missbrauch durch Reden.* Der andere wird an die Wand gespielt, wird überredet. Wer gut reden kann, ist mit seinen Argumenten schneller. Er zwingt den anderen zum Nachgeben.
- *Missbrauch durch Schweigen.* Schweigen kann auch eine Waffe sein. Der Schweiger provoziert, Schweigen ist sein Machtmittel, um den anderen zu treffen. Dazu gehört in der Regel der Austauschbedürftige als Gegenüber. Dieser fühlt sich bestraft.
- *Missbrauch durch Jähzorn.* Partner, Kinder und Familienangehörige werden durch Jähzorn eingeschüchtert. Die Umgebung kuscht und fügt sich der Macht. Sie reagiert also mit Angst. Das ist es, was der Jähzornige beabsich-

tigt. Seine Jähzornsanfälle haben ihn gelehrt, dass seine Umgebung darauf ängstlich reagiert.

- *Missbrauch durch ein fotografisches Gedächtnis.* Die überdurchschnittliche Merkfähigkeit dient dazu, Macht über die Umgebung auszuüben. Die anderen werden bloßgestellt. Wer es besser weiß, hat die Kontrolle. Wer es genauer weiß, kann die anderen korrigieren. Ein gutes Gedächtnis ist ein hervorragender Machtfaktor!
- *Missbrauch durch Eifersucht.* Der Partner wird durch Eifersucht in Besitz genommen und kontrolliert. Eifersucht kann zu einem ausufernden Bemächtigungsstreben führen. Der Eifersüchtige legt seinen Partner an die Kette. Alle Wege, alle Gespräche und alle Kontakte mit dem anderen Geschlecht werden misstrauisch belauert.

Die Saat der Gewalt

Eltern und Erzieher haben panische Angst davor, dass ihre Kinder auf Abwege, also z. B. in die Kriminalität, geraten könnten. Und genau diese Angst ist es, die Erziehungsberechtigte dazu verleitet, ihre Autorität zu missbrauchen. Sie hoffen, durch Druck, durch Disziplin und durch Kontrolle ihre Kinder vor kriminellem Verhalten bewahren zu können.

- Sie verbieten,
- sie setzen Grenzen,
- sie verhindern,
- sie befehlen
- und sie bestrafen.

Diese Erziehungspraktiken erreichen in der Regel aber genau das Gegenteil. Druck erzeugt Gegendruck, Gehorsamsforderungen rufen Ungehorsam hervor. Strafen bewirken Rebellion.

Thomas Gordon schreibt dazu: »*In Studien zur Familiengeschichte von männlichen wie weiblichen jugendlichen Straffälligen zeigte sich im Gegensatz zu nicht straffälligen Kindern ein Muster strenger, strafender, machtbezogener elterlicher Disziplinierung. In einer Untersuchung von gewalttätigen Insassen des San-Quentin-Gefängnisses fand man heraus, dass 100 Prozent im Alter zwischen ein und zehn Jahren zu Hause extremer Gewalt ausgesetzt waren. Bei Tätern, die wegen Mordes verurteilt waren, stellte man fest, dass die Kinder viel häufiger schwere körperliche Strafen erhalten hatten als ihre Brüder, die nicht zu Mördern geworden waren.*

In einer Langzeituntersuchung über Jungen, die man als zur Kriminalität neigend einstufte, wurden nur 32 Prozent derjenigen mit zwei liebevollen Eltern schließlich verurteilt, 36 Prozent von denen mit einer liebevollen Mutter und einem strafenden, ablehnenden Vater, 46 Prozent derjenigen mit einer strafenden, ablehnenden Mutter und einem liebevollen Vater. Aber 70 Prozent von jenen, die eine strafende, ablehnende Mutter und einen ebensolchen Vater erlebt hatten, wurden schließlich wegen eines Verbrechens verurteilt.

Nahezu jede Untersuchung der familiären und sozialen Hintergründe von gewalttätigen Kriminellen zeigt, dass sie weitaus häufiger als gesetzestreue Bürger in der Kindheit Schlägen und anderen körperlichen Strafen von Eltern und anderen Erwachsenen ausgesetzt wurden.«[2]

Eltern und Erzieher, die ihre Macht missbrauchen, erleben also, dass ihre Kinder wiederum mit Macht und Gewalt handeln.

Welche Faktoren kann man dafür verantwortlich machen?

- Eltern und Erzieher leben Macht und Gewalt im Zusammenleben vor.
- Kinder projizieren ihre Feindseligkeit gegenüber den Eltern auf andere Menschen.
- Kinder rächen sich für den erlittenen Machtmissbrauch.
- Druck erzeugt Gegendruck, Gewalt erzeugt Gegengewalt.

Wir sehen: Machtausübung ist eine Garantie dafür, dass Feindseligkeit, Ärger und Rebellion entstehen.

Der Star und der Nero

Der namhafte Individualpsychologe Fritz Künkel hat vier Typen definiert, die sich aufgrund von Minderwertigkeitsgefühlen entwickeln. Zwei dieser Typen werden durch Geltungsstreben, Machtstreben und Herrscherverhalten gekennzeichnet.

Da ist zunächst der *Star.* Er hat eine verwöhnende Erziehung genossen und kann machen, was er will. Er benötigt einen großen Freiheitsspielraum, der ihm auch gewährt wird. Der Star tritt seine Herrschaft an und erwartet von seinen Angehörigen, dass sie ihm alle Wünsche erfüllen. Er sucht Hilfe und Bewunderung. Die Stimmung zwischen ihm und den Erwachsenen ist durchaus freundlich. Aber er verfolgt egoistische Ziele.

Wie sehen die aus?

- Er strahlt die Erwachsenen an.
- Er schmeichelt ihnen und steht im Mittelpunkt.
- Er tritt siegesgewiss auf wie ein Prinz.
- Er ist der Unwiderstehliche, seine Umgebung ist gerührt.
- Er hat seine Angehörigen dazu gebracht, ihm dienstbar zu sein.
- Er versteht es, gelobt, anerkannt und bewundert zu werden.
- Er wird allerdings wütend, reagiert beleidigt und empfindlich, wenn ihm die beschriebene Rolle verweigert wird.
- Er bangt im Geheimen darum, seinen Staranspruch zu verlieren.
- Er wird häufig von Angstträumen geplagt, seine Stellung einzubüßen.

Die Millionen Zuschauer, die sich im Fernsehen Shows wie »Deutschland sucht den Superstar« angeschaut haben, und die Stars, die sich feiern und bewundern lassen, sind ein Beispiel für das eben Gesagte. Starallüren sind eine Antwort, um auf Minderwertigkeitsgefühle im Leben zu reagieren.

Der zweite Typ, der Macht anstrebt, ist der *Nero*. Die Bezeichnung geht auf den römischen Kaiser Nero zurück, der als brutaler Herrscher in die Weltgeschichte eingegangen ist. Der Typ des Nero will herrschen um des Herrschens willen. Er ist in einer harten Umgebung aufgewachsen und hat gelernt, dass ihm nicht geholfen wurde. Die erfahrene Härte hat ihn hart gemacht. Um nun nicht in Minderwertigkeitsgefühlen zu versinken, dreht er den Spieß einfach um und spielt sich zum Gewaltmenschen auf. Solche Menschen sind hart gegen sich selbst und gegen andere. Sie können enorm rücksichtslos auftreten. In dieser Gruppe finden wir z. B. die unleidlichen Erfolgsmenschen, die über Leichen gehen. Andere Menschen sind ihnen gleichgültig. Werte, Normen und Gesetze sind dazu da, um übertreten zu werden. Viele von ihnen sind herz- und lieblos, Brutalität ist ihnen auf den Leib geschrieben. Sie können es nicht ertragen, unten und bedeutungslos zu sein. Tief empfundene Minderwertigkeiten und Selbstwertstörungen fordern sie dazu heraus, machtgierig zu reagieren.

Der Wille zur Macht bei Alfred Adler und Friedrich Nietzsche

Der Wille zur Macht ist bei Alfred Adler ein Kompensations-, ein Ausgleichs- und Entschädigungsverhalten. Angst und Minderwertigkeitsgefühle werden dadurch kompensiert, Ängste und Selbstwertstörungen sollen überwunden werden.

Von Menschen, die Adlers Individualpsychologie missverstehen, wurde häufig verkürzt geäußert: »Sigmund Freud betonte den *Sexualtrieb*, Alfred Adler den *Machttrieb*.«

Der Wille zur Macht ist bei Alfred Adler eindeutig eine psychische Störung. Die leitende Kraft will das Minderwertigkeitsgefühl überwinden. Die Kompensation dient zur »Erhöhung des Persönlichkeitsgefühls«. Der seelisch Gestörte und Kranke will sein Selbstwertgefühl erhöhen und landet dabei im Machtstreben. Sein Wille zur Macht ist destruktiv und gemeinschaftsfeindlich.

Menschen mit starken Minderwertigkeitsgefühlen versuchen, mit Macht- und Geltungsstreben aus dem Gefängnis ihrer Selbstverachtung auszubrechen. Für Alfred Adler war dieser Machthunger eindeutig neurotisch bzw. Kennzeichen eines »nervösen Charakters«, wie er es damals nannte. Das Streben nach Macht war für ihn das »hervorstechendste Übel in der Kultur der Menschheit«.

- Machtstreben ist die Abwendung von der Logik des menschlichen Zusammenlebens.
- Machtstreben ist der Gegensatz zum Gemeinschaftsgefühl.
- Machtstreben ist ein Feind der Nächstenliebe.
- Machtstreben ist ein dissoziales und inhumanes Verhalten.

Für Adler stand das Gemeinschaftsgefühl – also die Fähigkeit zur Kooperation und zur Mitarbeit – im Vordergrund seines Denkens. Wer soziales Interesse zeigt, wer sich für seine Mitmenschen verwendet und wer sich verantwortlich für die Gemeinschaft fühlt, der zeigt gesunde Umgangsmuster und ist weit entfernt vom Machtstreben und Geltungshunger.

Anders Friedrich Nietzsche. Nietzsches Begriff »Wille zur Macht« ist zum Schlagwort geworden. Wie aber ist seine Formulierung zu verstehen?

Leben und Wille zur Macht sind bei Nietzsche identisch. Hinter den verschiedenen Ausprägungen des Lebens steht bei ihm als letzte Kraft der Wille zur Macht. Macht ist das Innewerden von Mächtigsein.

Vor diesem Hintergrund schreibt er: *»Und wisst ihr auch, was mir die ›Welt‹ ist? ... diese Welt: ein Ungeheuer an Kraft, ohne Anfang, ohne Ende, eine feste, eherne Größe von Kraft – wollt ihr einen Namen für diese Welt? Eine Lösung für alle Rätsel? Ein Licht für euch, ihr Verborgensten, Stärksten, Unerschrockensten, Mitternächtlichsten? Diese Welt ist der Wille zur Macht und nichts außerdem.«*[3]

Für Nietzsche geht es darum: In der Welt sein, leben und sich verwirklichen, das sind die im Menschen angelegten Motive zur Macht. Nietzsche war ein Feind der Schwäche, ein Feind der Machtlosigkeit. Das »Unvermögen der Macht« war für ihn gekennzeichnet durch Gehorsam, durch Einordnung, Pflicht, Sittlichkeit und durch »Entselbstung«. Der Wille zur Macht beinhaltet bei Nietzsche das Freiwerden von Abhängigkeiten, das Loskommen vom Moralisch-Religiösen.

So sehr beide – Nietzsche wie Adler – versuchen, die Macht zu entlarven, die Bewertung der Macht ist bei Nietzsche eine andere: *»Ich schreibe für eine Gattung Menschen, welche noch nicht vorhanden ist: für die ›Herren der Erde‹.«*

Ein weiterer Satz aus seinen Aphorismen macht seine Machtgelüste ebenfalls deutlich: *»Jeder von uns möchte Herr womöglich aller Menschen sein, am liebsten Gott. Diese Gesinnung muss wieder da sein.«*[4]

Dieses »Gottähnlichkeitsstreben« sieht Adler als charakteristische Selbstübersteigerung des »nervösen Charakters«.

Nietzsche, der Verkünder eines Menschen, der aus dem Willen zur Macht lebt ohne Rücksicht auf Gut und Böse, feiert die Gottesentmachtung: Gott ist tot, es lebe der Übermensch! Der Übermensch erkennt kein Wesen mehr über sich an, weder einen persönlichen Gott noch die Autorität eines Sittengesetzes. Der Übermensch beansprucht die grenzenlose Macht. Der Wille zur Macht ist für Nietzsche der stärkste menschliche Instinkt, gut ist, was die Macht stärkt, schlecht ist, was die Macht schwächt. Der Übermensch genießt seine grenzenlose Willkür. Seine Macht ist für ihn der absolute Wert. Wenn von einer Moral die Rede ist, dann bestenfalls von einer »Herrenmoral«, vom Recht und der Pflicht des Starken. Für Nietzsche ist der Übermensch der Sinn der Erde. Der Übermensch liebt nur sich selbst. Somit ist auch die Nächstenliebe Schwäche und eine christliche »Sklavenmoral«.

KAPITEL 2

Von Minderwertigkeitsgefühlen zum Machtstreben

Machtstreben und Machthunger sind nicht angeboren, sie entwickeln sich in der Regel aus starken Minderwertigkeitsgefühlen.

Schauen wir uns den Weg ihrer Entstehung näher an.

Vom ersten Lebenstag an erfährt der kleine Mensch sein Angewiesensein auf Mitmenschen. Die Welt des Babys ist die Mutter, dann kommen Vater und Geschwister hinzu. Die ersten Lebensjahre sind für das Kind entscheidend. Seine Zukunft wird vom Erleben der Vergangenheit interpretiert. Wurde das Kind bestätigt, ernst genommen, im Selbstwert gefördert, tankte es Selbstvertrauen und Selbstbewusstsein, haben Eltern und Erzieher die Zuversicht des Kindes gestärkt, seine Zuneigung gewonnen und es in seinem Leben und Verhalten bestätigt, dann werden im späteren Leben Minderwertigkeitsgefühle klein geschrieben. Es wertet sich nicht ab und leidet nicht unter Selbstwertstörungen.

Was ein Kind im andauernden Umgang mit Mutter, Vater, Geschwistern und Großeltern erlebt, prägt sich tief in seinem Gemüt ein. Diese Erfahrungen bilden die Basis aller späteren Gefühle, Haltungen und Lebenseinstellungen. Die gesamte Persönlichkeit spiegelt die gesamten mitmenschlichen Erfahrungen der ersten Lebensetappe wider. Kindheit und Erwachsensein bilden eine große Einheit. Was die Seele des Kindes belastete und bedrohte, was in jungen Jahren schlecht verarbeitet wurde, kennzeichnet später das Erwachsenenalter.

Was sind Minderwertigkeitsgefühle?

Minderwertigkeitsgefühle beinhalten:

- sich ängstlich und schüchtern fühlen,
- sich unsicher in verschiedenen Lebensbereichen verhalten,
- sich kleiner, ungeschickter, untüchtiger und hässlicher als andere Menschen empfinden,
- unter Gefühlen der Unvollständigkeit leiden,
- Impulse zur Selbstverachtung spüren,
- sich schwächer, hilfloser und untauglicher als andere erleben,
- ein angeschlagenes Selbstvertrauen entwickeln.

Die seelische Entwicklung der Kinder, die unter Minderwertigkeitsgefühlen leiden, entgleist. Im Wesentlichen handelt es sich um entmutigte Kinder. Sie haben das Gefühl,

- nicht zu genügen,
- den Ansprüchen der Eltern und Erzieher nicht gewachsen zu sein,
- in dieser Welt nicht heimisch zu werden,
- vernachlässigt und im Stich gelassen zu sein,
- dem Leben ohnmächtig gegenüberzustehen.

In einer Welt, die Superstars und Wunderkinder, Überflieger und Alleskönner anbetet, muss der normale Mensch einfach im Boden versinken, weil er nichts an Größe bei sich entdeckt.

Eltern und Erzieher müssen damit rechnen,

- dass schwache Kinder und solche, die sich für schwach halten, völlig hintenüber fallen und mit den Tüchtigen, Starken und Gescheiten nicht mithalten können;

- dass diese Kinder sich ausgebremst, abgelehnt und als Versager fühlen und resigniert aufgeben;
- dass diese Kinder sich als wertlos erleben und sich selbstzerstörerisch, aggressiv oder kriminell gegen sich oder die Umwelt verhalten.

Sieben Motive für Selbstwertstörungen

Welche erkannten und unerkannten Motive treiben Kinder und Jugendliche in Selbstwertstörungen? Auf einige möchte ich hier zur Verdeutlichung näher eingehen.

Motiv 1:

Das entmutigte Kind

Entmutigung ist ein erzieherisches Fehlverhalten. So erzogene Kinder glauben nicht an sich, weil die Personen, die sie erzogen haben, auch nicht an sie geglaubt haben.

Entmutigung ist lernbar. Sie ist kein unabwendbares Schicksal und kann trainiert werden.

Vieles muss der Mensch lernen. Er kann

- hassen lernen,
- lieben lernen,
- kämpfen lernen,
- arbeiten lernen,
- Entmutigung lernen.

Pessimistische Eltern erziehen leicht ein pessimistisches Kind. Wie hat einmal jemand frech und forsch formuliert: »Pessimismus ist der einzige Mist, auf dem nichts wächst.« Pessimismus untergräbt das Vertrauen, lähmt den Lebensmut auf allen Gebieten und entmutigt.

Entmutigung und Selbstwertstörungen sind Barrieren für den Lernerfolg. Die Kinder seufzen:

- »Ich kann nichts.«
- »Ich lerne das nie.«
- »Ich bin zu dumm.«

Erwachsene, die vor solchen entmutigenden Selbstanklagen resignieren, fördern und stabilisieren die Entmutigung.

Entmutigung ist ein schlimmes Minderwertigkeitsgefühl, denn:

- entmutigte Kinder sind *lustlos,*
- entmutigte Kinder sind *desinteressiert,*
- entmutigte Kinder sind *antriebslos,*
- entmutigte Kinder sind *unglücklich.*

Motiv 2:
Das ungewollte Kind

Viele Kinder sind ungewollt. Vielleicht wurde die Karriere der Mutter durch die Geburt blockiert. Der Mann hat sich aus dem Staube gemacht, nachdem die Frau schwanger wurde. Wenn es dann noch ein Sohn wird, der dem untergetauchten Vater ähnlich sieht, fällt es der Mutter schwer, ihr Kind von Herzen zu akzeptieren.

Ungewollte Kinder sind daher oft auch ungeliebte und vernachlässigte Kinder. Es liegt auf der Hand, dass diese Heranwachsenden häufig einen niedrigen Selbstwert demonstrieren, sich verraten und verstoßen fühlen. Nicht selten bleiben ein Leben lang unbewusste Widerstände zurück. Später reagieren sie mit lang anhaltenden Pubertätskrisen und mit Partnerschaftskonflikten.

Motiv 3:
Das abgelehnte Kind

Es handelt sich hierbei um Kinder, die Kontaktschwierigkeiten mit Spielgefährten, in der Gruppe, in der Klasse und auf dem Spielplatz haben. In der Regel sind es Erstgeborene oder Einzelkinder. Erstgeborene wurden entthront, kämpfen nun um ihre Vormachtstellung. Einzelkinder haben Kooperationsfähigkeit nicht gelernt.

Entscheidend ist, welche Schlüsse diese Kinder aus ihren Erfahrungen mit Spiel- und Schulkameraden ziehen. Sind die Folgerungen negativ, ihre Erfahrungen schlecht und sind Eltern und Erzieher nicht in der Lage, den Kindern das Rückgrat zu stärken und ihnen Beistand dabei zu geben, sich in der Gruppe durchzusetzen, werden Minderwertigkeitskomplexe das Lebensgefühl dieser Kinder bestimmen.

Motiv 4:
Das Kind, das sich als Opfer fühlt

Eltern und Erzieher, die es versäumen, Kinder von klein auf in die Verantwortung zu nehmen, erleben, dass sich der Nachwuchs als Opfer fühlt. Weil das Kind nicht selbstständig, eigenverantwortlich und lebenstüchtig gemacht wurde, fühlt es sich als Opfer böser Umstände und lernt, sich als Opfer zu verstehen. Die Eltern und Erzieher handeln in solch einem Fall dumm, unwissend oder schuldhaft. Viele junge Menschen werden krank und handeln verantwortungslos, weil ihnen keine Verantwortung zugemutet wurde.

Kinder müssen lernen, ständig die Realität im Auge zu haben, nicht die Illusion, die Ausrede, die Flucht und das Alibi.

Wir sind keine Opfer! Der Mensch ist ein Wesen, das Entscheidungen trifft. Aber der Gedanke, dass wir Opfer sind, Opfer von Einflüssen, hat sich tief in unsere Vorstellung gegraben. Überall wird uns klar gemacht:

- Wir sind Opfer unseres Erbgutes,
- wir sind Opfer unserer Gesellschaft,
- wir sind Opfer unserer Gefühle,
- wir sind Opfer unserer Triebe,
- wir sind Opfer unserer Umwelt,
- wir sind Opfer aller möglichen Kräfte.

Wer diese Ausreden benutzt, fühlt sich in der Tat als Opfer. Er ist dann hilf- und kraftlos, weil er nicht an sich glaubt. Er benutzt ständig Ausflüchte und Entschuldigungen, um sich zu rechtfertigen und freizukaufen. Konsequent wird er den missverstandenen Menschen spielen. Die Minderwertigkeitsgefühle sind ihm auf den Leib geschrieben.

Motiv 5:
Überhöhte Erwartungen machen mutlos

Kinder, die mutlos gemacht wurden, fühlen sich einer Sache nicht gewachsen. Sie glauben und reden sich ein, keine Chance zu haben, ihre eigenen Probleme zu lösen.

Je höher die Maßstäbe der Eltern und Erzieher sind, desto leichter kann das Kind in die Entmutigung und in die Selbstverachtung hineingetrieben werden. Hohe Erwartungen, die nicht realistisch sind, können sein Selbstvertrauen erschüttern. Je höher die Erwartungen der Eltern, desto negativer und kritischer ihre Reaktionen, wenn die Leistungen – auf welchem Gebiet auch immer – hinter den Erwartungen zurückbleiben.

Oft werden die Kinder in der Familie unbeabsichtigt gegeneinander ausgespielt. Ihre Leistungen werden miteinander verglichen. So erleben sich die Geschwister plötzlich als Rivalen. Sie messen sich, sie vergleichen sich und legen damit den Grundstein für Eifersucht und Neid. Eifersucht und Rivalität können das Ergebnis davon sein, dass Eltern einem ihrer Kinder – wenn auch unbewusst – den Vorzug gegeben haben. Das benachteiligte – oft sensible Kind – fühlt sich übersehen und zurückgesetzt. Es reagiert mit Leistungsabfall, Resignation und Lebensunlust.

Motiv 6:
Das verwöhnte Kind
Verwöhnung eines Kindes ist – neben der inkonsequenten und widersprüchlichen Erziehung – der gefährlichste Erziehungsfehler in unserer Gesellschaft. Ein Kind verwöhnen heißt:

- Erzieher tun zu viel für das Kind,
- Erzieher lassen sich vom Verwöhnten in Dienst stellen,
- Erzieher werden mit Charme, Unbeholfenheit oder Ungehorsam ausgenutzt,
- Erzieher schonen das Kind und fördern seine Tyrannei.

Verwöhnte Kinder versuchen, sich durchzusetzen. Sie benutzen alle Tricks, um das zu bekommen, was sie wollen.

Verwöhnte Kinder sind aber auch unselbstständig. Die verwöhnende Erziehungsmethode ist der schlimmste Feind für die spätere Selbstständigkeit. Der Erwachsene, der seinen geliebten Sprössling verwöhnt und ihm alle Mühe abnimmt, will ihn vermutlich an sich ketten. Und dieses Klammern kann beim Kind und dem späteren Erwachsenen Lebensangst auslösen. Der verwöhnte Mensch muss immer fremde Hilfe in Anspruch nehmen. Fehlt diese Person, kann sich beim Betroffenen Angst und Panik breit machen. Die Ängstlichkeit, die im Treibhausklima einer verhätschelnden Kinderstube entstanden ist, begleitet den Verwöhnten durch das ganze Leben.

Besonders häufig gehören Einzelkinder zu der Gruppe der verwöhnten Kinder. Sie haben ein ernsthaftes und verantwortliches Arbeiten nicht gelernt, ihnen wurde vieles abgenommen oder sie haben es sich erschlichen. Sie bekommen das Gefühl, ihnen würden die gebratenen Tauben in den Mund fliegen.

Verwöhnung ist missverstandene Freiheit. Es ist die Unfähigkeit der Erwachsenen, sich bei den Kindern durchzusetzen. Die Eltern haben das Gefühl, sie müssten geben und hätten kein Recht, von ihren Kindern etwas zu verlangen. Je mehr aber ein Kind bekommt, desto mehr entwickelt es auch das Verlangen, noch mehr zu bekommen. Es glaubt, ein Recht darauf zu haben, zu fordern und seine Wünsche befriedigt zu bekommen.

Spiel und Vergnügen bleiben für viele die einzige befriedigende Betätigung. Wir leben aber in einer Leistungsgesellschaft. Je verwöhnter ein Kind ist, desto größer werden seine Minderwertigkeitsgefühle, weil es den Forderungen dieser Gesellschaft nicht gewachsen ist.

Motiv 7:
Das völlig resignierte Kind
Am Ende der Entmutigung steht die Resignation.

- »Ich will in Ruhe gelassen werden!«
- »Ich will allein gelassen werden!«
- »Ich habe die Lust am Leben verloren!«
- »Ich fühle mich überflüssig!«

Die Resignation kann sich in Trägheit äußern.
Das Kind praktiziert Unordnung und weigert sich, seinen Teil der Aufgaben zu erfüllen. Das Kind ist entmutigt, sodass auch Schimpfen und Tadeln nutzlos werden. Es zeigt auch keinerlei Interesse an den Dingen der Außenwelt. Ihm fehlt jeder Ansporn, etwas zu tun.

Resignation kann sich in Form von Dummheit äußern.
Viele Kinder machen diesen Eindruck beinahe bewusst. Dem »dummen« Kind werden seine Fehler nicht vorgehalten. Dummheit ist ebenso erlernbar wie Entmutigung. Das Kind stellt sich dumm, weil bei ihm Lustlosigkeit und Antriebslosig-

keit überwiegen. Es ist keine Frage, dass Dummheit auch benutzt wird.

Resignation kann das Gegenstück zu übertriebenem Ehrgeiz sein. Wer mit Ehrgeiz keine Spitzenposition erringt, lässt die Flügel eben hängen und macht gar nichts mehr. Ein Zeichen völliger Resignation ist das Alles-oder-nichts-Denken: Entweder bin ich der Beste, der alle übertrifft, der Stärkste und Schnellste, der andere niederkämpft, oder aber ich tue es überhaupt nicht mehr.

Resignation kann Unfähigkeit beinhalten.
Dem Kind wurde alles aus der Hand genommen, was es nicht perfekt oder zumindest sehr gut vollbrachte. Im Kind wird somit die Überzeugung geweckt, dass es unfähig und ungeschickt ist. Viele Unfähigkeiten und Mängel sind das Ergebnis unerkannter Irrtümer und Versäumnisse bei der Erziehung der Kinder.

Auch körperliche Mängel können Minderwertigkeitsgefühle hervorrufen

Minderwertigkeitsgefühle können auch durch körperliche Gebrechen entstehen. Ein schielendes Kind ist dem Gelächter seiner Mitschüler ausgesetzt. Kurzsichtigkeit und andere Augenanomalien können den Selbstwert eines Kindes beeinflussen. Hasenscharten, O-Beine und Übergewicht sind immer wieder Fallen, die das Selbstwertgefühl eines Kindes untergraben. Ein Junge oder ein Mädchen sind besonders klein. Was ihnen an Länge fehlt, ersetzen sie häufig durch Frechheit, Schlauheit oder Clownerie. Wir sprechen nicht umsonst vom »kleinen Napoleon« oder vom »hässlichen Zwerg«, der in der Schule oder in der Wirtschaft seine Minderwertigkeitsgefühle durch Überreaktionen zur Schau stellt.

Die Selbsteinschätzung und Selbstabwertung kommen dadurch zustande, dass man sich mit normal Ausgestatteten vergleicht.

Kinder messen ihren Wert daran, ob sie mit anderen Kindern mithalten können. Das körperliche Schritthalten ist dabei oft wichtiger als das seelisch-geistige. Schwache und kranke Kinder unterschätzen bald ihren Wert, weil sie erfahren, wie sie im Spiel mit Kameraden und Kameradinnen zurückbleiben.

Kinder, die lange krank waren, beurteilen sich und ihre Lebenschancen ziemlich pessimistisch. Krankheiten werden von Kindern als schwere Schicksalsschläge erlebt. Die Folge:

- Sie werden von Spielgefährten ausgeschlossen.
- Sie verhalten sich verängstigt und eigenbrötlerisch.
- Sie ziehen sich vereinsamt zurück.

Im Licht des kindlichen Urteils rufen bereits Bagatellen Selbstwertstörungen hervor. Ob es sich um rote Haare, eine schiefe Nase, breite Lippen, Fettansatz, allzu große Schlankheit, Kleinwuchs oder Übergröße handelt, alle diese Eigenarten können das Selbstbewusstsein schmälern.

Als ich mich mit diesem Thema beschäftigt habe, las ich zufällig in einer Zeitung, dass über fünfzig Prozent aller Schülerinnen am Gymnasium mit ihrer Figur Probleme haben.

Jede so beschaffene Schwierigkeit im Leben eines Kindes kann zur Ausbildung von Minderwertigkeitsgefühlen führen. Was immer ein Kind belastet, kann sein Selbstwertgefühl mindern. Wie leicht ist es so möglich, dass ein schwaches, hilfloses Wesen sich einredet, dem Leben nicht gewachsen zu sein.

Der Unterschied ist wichtig: Überbeschützung erzieht hilflose und schwache Kinder, Verwöhnung erzieht tyrannische.

Wie entsteht Machtstreben?

Wir haben gesehen, dass Minderwertigkeitsgefühle Entmutigung und Resignation hervorbringen, aber auch Machtstreben und Machthunger auslösen können. Es leuchtet ein, dass Ohnmachtsgefühle und Minderwertigkeitskomplexe womöglich auch ein kompromissloses Machtstreben entfalten.

Das ohnmächtige Streben nach Macht ist eine Überkompensation der Minderwertigkeitsgefühle. Der Mensch will oben sein, koste es, was es wolle. Er will etwas gelten, auch wenn Solidarität und Nächstenliebe dabei auf der Strecke bleiben.

Im Folgenden möchte ich an zwei gemeinschaftsfeindlichen Persönlichkeitstypen demonstrieren, wie aus Minderwertigkeitsgefühlen Machtgelüste entstehen.

Der Kriminelle

Delinquenz erwächst aus dem Gefühl der Wertlosigkeit. Dem Kriminellen ist alles egal. Er gilt nicht, er zählt nicht und wird nicht beachtet. Dann setzt er alles auf eine Karte, jedes Mittel ist ihm recht. Er rächt sich an seinem Elternhaus, an seiner Schule, an der Gesellschaft und an allen, die ihm übel mitgespielt haben.

Er entwertet seinen Mitmenschen, wobei Nötigung, Erpressung, Diebstahl und Bedrohung die Werkzeuge seines Machthungers sind. Seine kriminelle Karriere ist die Geschichte einer ihm widerfahrenen Entmutigung. Kinder, die im Schatten stehen, zurückgesetzte, arme, uneheliche, unerwünschte und misshandelte Kinder spielen sich zu Machtmenschen auf, die notfalls über Leichen gehen.

Der Kriminelle fühlt sich wie in Feindesland. Er ist zum Neinsager gegenüber sozialen Forderungen geworden. Er flieht vor konstruktiven, menschlichen Beziehungen und folgt nur seinem Ziel, die endgültige, persönliche Überlegenheit über andere zu erringen.

Der Kriminelle ist sozusagen an der Gemeinschaft irre geworden. Somit ist er ein Beispiel für eine sozial entmutigte Persönlichkeit.

Der Alles-oder-nichts-Typ

Alles gewinnen oder alles verlieren – viele Menschen praktizieren diese Grundeinstellung. Im Grunde aber ist das ein psychisch gestörtes Verhaltensmuster.

Wie lauten die Leitmotive dieser Menschen?

- Ganz oder gar nicht!
- Lieber tot als rot!
- Eine Laus oder Napoleon!
- Butter oder Kanonen!
- Sieg oder Untergang!
- Sekt oder Selters!
- Kleckern oder Klotzen!
- Alles oder nichts!

Für sie gibt es kein Mittelmaß, jedes Durchschnittsdenken wird abgelehnt. »Unsere Ansprüche sind nicht zu stoppen!« Ja, in der Tat, die Ansprüche laufen Amok.

Wie können sich solche Symptome entwickeln?

Ein amerikanischer Psychiater hat die Entwicklungsgeschichte dieses Menschentypus quasi von der Wiege an untersucht und erforscht. Er entdeckte beim Alles-oder-nichts-Typ Muster des Selbstverständnisses:

Muster 1:
Ich bin ein ganz besonderes Kind

Dieses Kind gewinnt die Überzeugung: »Ich bin etwas ganz Besonderes! Ich bin ungewöhnlich, bin besonders wertvoll.« Es erlebt sich andersartig, will auch anders sein.

Ich hatte einen neunjährigen Jungen in der Beratung.

»Was willst du denn mal werden?«, fragte ich.

»Nato-Präsident!«, erhielt ich als Antwort.

Der Junge kotete ein, wenn er nicht seinen Willen bekam. Er ging über alle ihm gesetzten Grenzen hinweg und war ein Lehrerschreck.

Muster 2:
Ich bin ein diktatorisches Kind

Dieses Kind schüchtert dermaßen ein, dass seine Eltern schließlich keine andere Möglichkeit sehen, als zu kapitulieren.

Ein weiteres Beispiel aus meiner Beratungspraxis: Die Ehe der Eltern eines brutalen Jungen wurde von einem tyrannischen Vater geprägt, die Frau, Mutter des Jungen, reagierte stets unterwürfig. Der Junge wurde geschlagen. Er stellte alle Dummheiten an, die man sich nur vorstellen kann. Ihm war alles egal. Er wurde nicht geliebt, also spielte er selbst den Tyrannen. Er herrschte, er war der Boss, sein Motto lautete: »Alles hört auf mein Kommando!« Der Junge konnte auf keiner Schule bleiben. Außerdem stahl er wie ein Rabe und setzte sich gewissenlos durch.

Muster 3:
Ich bin ein unzulängliches Kind

Das Kind reagiert mit Entmutigung und Resignation. Es flüchtet in Hilflosigkeit, in Unzulänglichkeit und demonstriert Unfähigkeit. Das Kind denkt und handelt nach dem Motto: »Wenn ich das Höchste nicht erreichen kann (und damit meine ich spielend, ohne Anstrengung), dann tue ich eben gar nichts!«

In der Pädagogik spricht man hier vom »entmutigten Ehrgeizigen«.

Muster 4:
Ich bin das Kind, das die Wünsche und Erwartungen der anderen erfüllen muss

Das Kind dieses Typus fühlt sich missbraucht. Es glaubt, im Dienste der Bedürfnisbefriedigung anderer Menschen zu stehen. Sein Zweck ist es, das elterliche Prestige zu erfüllen. Alles, was es tut, dient dazu, andere zufrieden zu stellen. Doch solche Kinder drehen eines Tages den Spieß um. Dann wollen sie bedient werden und missbrauchen andere.

Insgesamt kann man sagen: Diese Kinder entwickeln einen übergroßen Wunsch nach Anerkennung.

Und die Schlüsse, die sie als Heranwachsende für sich ziehen:

- »Ich bin der Beste oder der Schlechteste.«
- »Ich bin der Gewinner oder ein Verlierer.«
- »Ich stehe ganz oben oder ich tue gar nichts mehr.«
- »Ich erreiche das Vollkommene oder ich kapituliere.«
- »Ich finde meinen Traumpartner oder ich bleibe ledig.«
- »Ich schreibe Einsen oder ich schreibe Sechsen.«

»Sie leben ein verstiegenes Ideal«, so hat der Schweizer Therapeut Binswanger über Menschen dieses Typus geschrieben. Ihre Ideale sind unrealistisch und total.

Und die Folge dieser Einstellung: je höher das gesteckte Ziel, desto größer die Enttäuschung, wenn es verfehlt wird.

Ja, aber ist es denn ungesund, hohe Ziele zu haben? Nein, natürlich nicht. Aber wo liegt dann der Fehler? Nun, wenn jemand mit einer Niederlage nicht leben kann, wenn er einen Misserfolg wie eine Katastrophe erlebt, dann stürzt er ab. Das verstiegene Ideal macht ihn unglücklich. Im Hintergrund aber steht ein grandioses Überheblichkeitsstreben.

KAPITEL 3

Allmachtsstreben

Wie bereits erwähnt, ist seit dem Sündenfall das Allmachtsstreben in unserer Welt beheimatet. Der Mensch will sein wie Gott, nämlich allmächtig. Mit weniger gibt er sich nicht zufrieden. Es war damals im Paradies, wo es der Teufel verstanden hat, dem Menschen diesen todbringenden Floh ins Ohr zu setzen.

»*Die Schlange war das klügste von allen Tieren, die Gott, der Herr, gemacht hatte. ... ›Glaubt das doch nicht‹, sagte die Schlange, ›auf keinen Fall werdet ihr sterben! Aber Gott weiß: Sobald ihr davon esst, werden euch die Augen aufgehen und ihr werdet sein wie Gott. Dann werdet ihr euer Leben selbst in die Hand nehmen.*« (1. Mose 3, 1–5)

Neben dem Sex ist das Allmachtsstreben für den Menschen die gefährlichste Versuchung.

Unsere Fortschrittsgigantomanie kann als Gleichnis für dieses Allmachtsstreben herhalten. Ihr Ziel ist:

- höher,
- schneller,
- besser,
- größer,
- stärker.

Professor Dr. Horst Eberhard Richter, einer der bedeutendsten Sozialpsychologen unserer Zeit, beschreibt diesen zügellosen Bemächtigungsdrang folgendermaßen:

»*Seit dem Verlust der mittelalterlichen Gotteskindschaft leben wir in einer untergründigen heillosen Angststimmung, gegen die uns nur ein einziges Rezept eingefallen ist: uns selbst die totale Kontrolle über alle Ursachen und Kräfte aneignen zu wollen, von denen uns je Ungemach drohen könnte. Das Entsetzen vor einer unerträglichen Verlorenheit und Ohnmacht in der Welt ist somit die eigentliche Antriebsenergie, die sich hinter dem Drang nach technischer Allmacht verbirgt.*«[1]

Er meint damit,

- wir haben den Sinn für unsere Grenzen verloren,
- wir legen die Hand an die Natur, die wir schützen sollten,
- wir bauen Zerstörungswaffen, die uns auslöschen könnten,
- wir stecken Geld in die Rüstung, statt den Menschen zu helfen, die weltweit hungern,
- wir verschaffen uns eine vermeintliche Sicherheit in der angemaßten Allmacht.

»*Wenn wir, die Gottverlassenen, auch noch den narzisstischen Ersatzglauben an unsere eigene Grandiosität verlören, was bliebe uns dann noch?*«[2]

Das ist das Ziel des Allmachtsstrebens: sein wie Gott, das Leben selbst in die Hand nehmen, unabhängig werden von einer letzten Instanz.

Der »Stein der Weisen«

Im Mittelalter brach das Gefühl des kindlichen Beschütztseins zunehmend zusammen. Das Geborgenheitsgefühl des Menschen verschwand allmählich. Je mehr es verlustig ging, umso mehr wuchs das Bedürfnis, sich eigene Machtmittel anzueignen, um die Stimmung der Unheimlichkeit zu bannen. Das Misstrauen Gott gegenüber wuchs, das Ich des Menschen blähte sich auf, die Selbstbestimmung vergrößerte sich.

Ein Beispiel für die angestrebte Allmacht des Menschen war die Suche der Alchemisten nach dem »Stein der Weisen«. Ihm wurde nachgesagt, er könnte alle Krankheiten heilen und wäre angeblich in der Lage, jegliches Material in Gold zu verwandeln. Sein Besitzer sollte alle Geister bannen und sich untertan machen können. In diesem Streben verriet sich der Anspruch des Menschen, sämtliche göttlichen Wunderkräfte in Form eines einzigen Stoffes für sich in Besitz zu nehmen.

Der »Stein der Weisen« mit seiner unbegrenzten Wundermacht drückte in zeittypischer Form aus, wie der Mensch die Omnipotenz, die Allmacht, anstrebte, weil er Gott verloren hatte. Das mittelalterliche Lebensgefühl – der Mensch wurde von Gott gehalten, getragen und beschützt – war zusammengebrochen. Das geozentrische Weltbild, das die Erde im Mittelpunkt sah und die Gestirne um sie kreisen ließ, musste aufgegeben werden. Der Mensch erlebte in jener Zeit einen geradezu tragischen Konflikt. Plötzlich fühlte er sich in der Welt nur noch als ein Wesen am Rande und als Staubkorn.

Wenn der göttliche Schutz wegfällt, wenn der Mensch nur noch ein Staubkorn im Weltall ist, muss er sich eine ungeheure Selbstsicherheit aufbauen. Also setzte er sich mehr und mehr an die Stelle Gottes. Gott wurde entmachtet, der Mensch trat an seine Stelle, sein Allmachtsstreben wurde neu entfacht.

Der Mensch will selber Schöpfer sein

Eine der letzten Omnipotenzstreiche des Geschöpfes gegen den Schöpfer ist das Klonen von Menschen. Es ist bereits gelungen, Tiere zu klonen. Allerdings ist Dolly, das erste Klonschaf, bereits nach sechs Jahren gestorben. Noch bäumen sich Ungezählte gegen diese Gigantomanie des Menschen auf. Auf Dauer jedoch wird der Anspruch, dem Schöpfer ins Handwerk zu pfuschen, nicht zu stoppen sein. Der Mensch will sein wie Gott, nichts soll ihm unmöglich sein.

Gerade heute habe ich in der Zeitung gelesen, dass der Deutsche Bundestag sich mit großer Mehrheit für ein weltweites und umfassendes Klonverbot ausgesprochen hat. Überall melden sich allerdings sofort die Gegenstimmen. Ein Verbot schränke die Wissenschaftsfreiheit ein, heißt es, und verschließe sich den Wünschen kranker Menschen nach neuen Heilmethoden.

Hat die kanadische Raelianer-Sekte nun wirklich Menschen geklont oder wollte sie mit ihrer Meldung nur auf sich aufmerksam machen? Zumindest hat sie eine weltweite Empörung hervorgerufen. Bis heute sind sich die meisten Forscher einig: Das reproduktive Klonen von Menschen ist gefährlich und unverantwortlich, das therapeutische Klonen kann unter Umständen für die Grundlagenforschung von großer Bedeutung sein.

Wir sehen, dem Menschen genügt es nicht, sich »die Erde untertan zu machen«. Er will in seinem grenzenlosen Machtanspruch nicht gebremst werden!

Machtbesessen – der erste Mord der Weltgeschichte

Adam und Eva werden nach dem Sündenfall aus dem Paradies vertrieben. Die Weltgeschichte beginnt, und damit ein himmelschreiendes Machtstreben. Das *Un*-heil nimmt seinen Lauf. Mit dem Machtstreben sind Aggressionen in unterschiedlichster Form verbunden. Sie haben bis heute blutige Spuren in der Geschichte hinterlassen.

Helmut Thielicke kennzeichnete die Situation folgerichtig: *»Aus dem Griff nach der verbotenen Frucht entwickelt sich jetzt Kains Brudermord, und schon werden die Steine für den Turmbau zu Babel zusammengetragen. Das, was jetzt einsetzt – genau an jenem Horizont, der die heile Welt begrenzt und nach rückwärts abschließt –, nennen wir Weltgeschichte. Sie ist der Raum, in den wir ›geworfen‹ sind, und der Raum, in dem Kain die Axt erhebt und Abel entseelt zu Boden sinkt. Der Raum, in dem auf Leben und Tod um den Platz an der Sonne gekämpft wird, in dem der Stärkere seine Triumphe feiert und das Recht der Wirklichkeit bedroht ist.«*[3]

Machtbesessenheit und Aggression sind die Folgen der Ursünde »Ihr werdet sein wie Gott«. Aggressivität ist ein Hauptwerkzeug in der Hand der Machtmenschen.

- Aggressionen haben den Sinn, das Leben an der Sonne zu sichern.
- Aggressionen haben den Sinn, die Macht des Stärkeren zu behaupten.
- Aggressionen haben den Sinn, für das subjektive Recht zu kämpfen und zu morden.
- Aggressionen demonstrieren, wer das letzte Wort behält.

Macht macht böse

Die Geschichte der Menschheit scheint wie eine lückenlose Kette von Grausamkeiten, Blutvergießen und Terror abzulaufen. Seine Machtbesessenheit macht den Menschen offensichtlich zum aggressivsten Tier der Erde, wie manche Forscher behaupten. Das Negative überwiegt das Positive, das Furchterregende das Bejahende.

Warum schildert uns die Bibel gleich zu Anfang die blutige

Tat von Kain an Abel? Will sie uns damit klar machen, dass Machtstreben und Aggressivität nach dem Sündenfall die Umgangsmuster in der Welt werden?

Werden Kain und Abel zum Gleichnis für Machtbesessenheit und Opfersein?

Werden Kain und Abel zum Gleichnis für Gewinn und Verlust? (Der Name »Kain« bedeutet »Gewinn«, »Abel« heißt übersetzt »Verlust«.)

Der eine verkörpert Macht, der andere Schwäche und Unterlegenheit. Soll es etwa so in der Welt zugehen? Sollen jetzt Überlegenheit und Unterlegenheit das Feld bestimmen? Wird jetzt geherrscht und gelitten? Bestimmen jetzt Macht und Konkurrenzkampf das Zusammenleben? Werden die einen zum Gewinnen geboren, die andern zum Verlieren?

Wer im Schnelldurchgang die Weltgeschichte an sich vorbeiziehen lässt, kann durchaus diesen Eindruck gewinnen.

Tyrannen der Weltgeschichte

Unsere Geschichtsbücher sind voll von Gewaltherrschern, die Einzelne und ganze Völker geknebelt, ausgebeutet und misshandelt haben. Immer wieder wurden Menschen herrschsüchtig und fielen brutal über andere her. Machthunger und Machtgier sind seit der Vertreibung aus dem Paradies an der Tagesordnung. Die Sucht, andere Menschen zu unterdrücken und zu versklaven, zieht sich wie ein roter Faden durch die Weltgeschichte.

Auch wenn wir in die jüngste Geschichte hineinschauen, begegnen uns überall Machtmenschen. Dr. James Dobson, amerikanischer Professor für Kinderheilkunde, schreibt über die brutalsten Machtmenschen des letzten Jahrhunderts:

»Die beiden brutalsten Mörder aller Zeiten, Josef Stalin und Adolf Hitler, ertranken geradezu in der Befriedigung ihres eigenen

Egos. Während Stalins Macht in Russland zunahm, verlangte er von seinen Leuten immer mehr Unterwürfigkeit und Anbetung. In jeder Stadt und in jedem Ort ließ er sich ein Denkmal setzen. Ungezählte Straßen mussten nach ihm benannt werden. Sogar eine ganze Stadt erhielt seinen Namen. Stalin wurde immer stolzer, aber er wurde gleichzeitig auch immer brutaler. Jeder, der es wagte, ihm zu widersprechen, verschwand von der Erdoberfläche. (...) Stalin soll die kaltblütige Ermordung von zehn bis dreißig Millionen Menschen veranlasst haben. Ein besonderer Grund für ihre ›Beseitigung‹ bestand nicht. Stalin wollte nur sein größenwahnsinniges Ego befriedigen. Die Geschichte von Adolf Hitler ist besser bekannt, aber sie ist nicht weniger entsetzlich. Es gibt hinreichende Veranlassung zu der Annahme, dass er sechs Millionen Juden nur deshalb erbarmungslos vernichten ließ, weil er ihre Rasse für seine eigenen Minderwertigkeitskomplexe verantwortlich machte. Das Ego des Menschen ist ein schrecklicher Tyrann, wenn man ihm freien Lauf lässt.«[4]

Das menschliche Ich ist ein kaltblütiger Diktator. Der Mensch

- will bestimmen,
- will über andere herrschen,
- will seine Überlegenheit und Macht demonstrieren, wenn das Ich nicht einen wirklichen Herrn über sich erlebt.

Der christliche Glaube befreit von der Tyrannei des Ichs. In der Bibel werden wir dazu aufgefordert, uns mehr um den anderen zu kümmern als um unser eigenes Ich. Im Lukasevangelium setzt Jesus die richtigen Maßstäbe:

»Denn was bei Menschen hoch angesehen ist, das ist ein Gräuel vor Gott.« (Lukas 16,15)

Wir leben in einer Welt, wo Superstars und Wunderkinder angehimmelt werden. Junge Menschen werden verführt, ideale Maße anzustreben. Es heißt, nur so würden sie bewundert und geliebt. Wer aber Ideal-Menschen verherrlicht, wer Ideal-Maße anstrebt und Supermodels und Superstars für das Nonplusultra hält, muss mit negativen Folgen rechnen. Das verdeutlicht uns der oben erwähnte Professor für Kinderheilkunde James Dobson, wenn er schreibt:

»Wo immer die Schlüssel zur Selbstachtung für einen großen Prozentsatz der Menschen unerreichbar sind, wie das heute der Fall ist, werden wir auch von den gesellschaftlichen Symptomen nicht verschont bleiben, als da sind: Geisteskrankheit, Neurosen, Hass, Alkoholismus, Drogenmissbrauch, Gewalttätigkeit und soziale Unordnung.«[5]

Wer nur Spitzenmaßstäbe im Auge hat, züchtet – wenn auch ungewollt – scharenweise Entmutigte, Wertlose und Menschen, die unter Selbstwertstörungen leiden, Menschen, die seelisch krank werden und an den Maßstäben unserer Welt verzweifeln. Menschen, die durch ihre Verzweiflung und Resignation sogar gewalttätig werden können.

Das Machtprinzip in der Erziehung

Kain und Abel: zwei Brüder, zwei Welten.

Sie haben das gleiche Erbgut und sind doch grundverschieden. Dieses Prinzip ist bis heute so geblieben. Wir stammen von denselben Eltern ab, und doch sind wir in Gedanken, Gefühlen und im Handeln unterschiedlich. Immer wieder schimmert die »Hackordnung des Hühnerhofs«, wie die Forscher das nennen, durch.

Aber ist diese Hackordnung vorgegeben oder spiegeln wir Menschen hier unterschiedliche Erziehungsstile wider?

Wie war es denn, als Kain geboren wurde? Helmut Thielicke hat sich mit diesem Aspekt befasst:

»Kain heißt nämlich: ›Ich habe einen Mann erworben.‹ Damit

deutet Eva als stolze Mutter an, dass dieser Sohn die Würde des Erstgeborenen tragen und dass er für sie der Inbegriff von Macht und Stärke sein soll.

Abel dagegen bedeutet so viel wie ›Nichtigkeit, Hinfälligkeit‹. Der jüngere Bruder soll also von Anfang an im Schatten des Älteren stehen. Er ist für die zweite Geige vorgesehen. Er ist der Repräsentant für die grundsätzlich Zu-kurz-Gekommenen. Er ist der notorisch Deklassierte. Alles, was sich im Folgenden an dramatischer Spannung zusammenballt und schließlich in der Katastrophe des Brudermordes entlädt, stammt letzten Endes aus jener Ungleichheit der Rollen, in denen sich Kain und Abel und alle anderen vorfinden.«[6]

Was ist da geschehen?

Die Mutter gibt in der Erziehung den Ton an. Dadurch, dass Männer in der Regel in der Wirtschaft und am Arbeitsplatz hart gefordert werden und daher wenig Zeit für die Erziehung erübrigen können, übernimmt automatisch die Frau das Erziehungsgeschäft.

Auf Kain und Abel bezogen können wir sagen:

- Eva hat offensichtlich Kain vorgezogen.
- Eva hat offensichtlich dem Ältesten Hoffnungen gemacht.
- Eva hat offensichtlich an den Beziehungsschwierigkeiten der Geschwister mitgewirkt. Bereits die Namensgebung ist bezeichnend. Der Älteste soll führen, der andere soll sich unterordnen.

Eifersucht – ein Werkzeug der Macht

Neben der Aggression ist die Eifersucht ein gefährliches Werkzeug, um Macht zu demonstrieren.

Eifersucht ist in der Tat eine teuflische Gesinnung, die Hass mobilisiert und die Vernunft betäuben kann. Missgunst und

Misstrauen werden angestachelt. Eifersucht untergräbt jede Gemeinschaft. Eifersucht ist Herrschsucht.

Auch dafür sind Kain und Abel ein beredtes Zeugnis.

Die Eifersucht, das »grünäugige Ungeheuer«, wie es Shakespeare nannte, führte Kains Axt und beflügelte die Menschen, Dynamit, Raketen, Atombomben und heimtückische Minen zu erfinden, um die unangenehmen Mitmenschen auszulöschen.

Eva hat – ohne die Folgen zu überblicken – den Grundstein für Eifersucht gelegt. Sie hat Kain zum Privilegierten, zum Star gemacht. Die anderen sind für ihn lediglich Statisten. Das Gefühl, bevorzugt zu werden, Vorrechte zu bekommen, hat Kain also bereits mit der Muttermilch eingesogen.

Und so erwartet er selbst beim Gottesdienst Sonderrechte. Kain erwartet, dass Gott sich zu ihm bekennt und ihn in der Rolle des Stärkeren unterstützt.

Aber Gott macht ihm einen Strich durch die Rechnung. Der bevorzugte und von sich überzeugte Kain erlebt ein Fiasko. Seine Erwartungen erfüllen sich nicht, seine Selbsteinschätzung erfährt einen schweren Schlag. Er reagiert wie ein kleines Kind, das seinen Willen nicht bekommt. Nun wird die Tyrannei des Bevorzugten deutlich. Kain hat immer seinen Willen bekommen und kann es nicht ertragen, übersehen zu werden.

Welche Konsequenzen ergeben sich aus dem Motiv Eifersucht?

- Eifersucht ist ein Werkzeug der Macht, das sich im zwischenmenschlichen Bereich verheerend auswirken kann.
- Eifersucht ist auch ein Erziehungsproblem. Bevorzugung kann Eifersuchtsgefühle auslösen.
- Eifersucht ist ein Lebensstilproblem. Der Eifersüchtige hat Vorrechte und Privilegien.

- Eifersucht fördert partnerschaftsfeindliche und aggressive Verhaltensmuster.
- Eifersucht blockiert das Gemeinschaftsgefühl, die Nächstenliebe und die Fähigkeit, zu teilen und zu geben.

Unsere Machtvorstellungen und unsere Gefühle

Unsere Gedanken und unsere Gefühle sind miteinander synchronisiert. Sie bestimmen unser Handeln. Wer böse denkt, wird seine Gedanken oft auch in die Tat umsetzen.

Machtmenschen können schlecht mit Enttäuschungen umgehen. Kain ist dafür ein Beispiel.

»Der Herr blickte freundlich auf Abel und sein Opfer, aber Kain und sein Opfer schaut er nicht an.«

Das ist für Kain unfassbar. Abel steht plötzlich im Mittelpunkt, der Schwache, der kleine Bruder. Der Älteste muss erleben, dass ausgerechnet im Gottesdienst, als er sein Opfer darbringt, an seinem Image gekratzt wird.

Gott macht deutlich,

- dass ihn unsere *Vorurteile* nicht interessieren,
- dass ihn unsere *Privilegien* nicht beeinflussen,
- dass ihn unsere *Bevorzugungen* nicht überzeugen.

Gott ist ein Beistand für Schwache, Entrechtete und Opfer.

Darüber wird Kain zornig, wütend und aggressiv. Alle Bibelübersetzungen beschreiben: *»Kain stieg das Blut in den Kopf.«* Bluthochdruck ist häufig ein messbares Zeichen für Wut und Bitterkeit. Kain wird also hochrot vor Zorn. Er redet mit seinen Organen, denn Leib, Seele und Geist sind unauflöslich miteinander verbunden.

Machtmenschen lassen sich schlecht überzeugen, sie sind für kritische Hinweise nicht zu haben. Das erkennen wir, wenn an dieser Stelle Gott Kain zur Besinnung ruft. Er redet ihm ins Gewissen:

»*Warum bist so zornig? Warum brütest du vor dich hin? Wenn du Gutes im Sinn hast, kannst du den Kopf frei erheben, aber wenn du Böses planst, lauert die Sünde vor der Tür. Du aber herrsche über sie!*«

Jedoch: Kain will nicht über die Sünde herrschen, sondern über seinen Bruder. Er will nicht auf Gott hören, sondern auf seine Wut.

Kains Aggressionstrieb

Kain wird nicht von seinem Aggressionstrieb überrollt. Das wäre ja eine feine Ausrede! Aber nein, er ist für seine mörderischen Gedanken selbst voll verantwortlich. Wer zur Axt greift, hat mit Tötungsabsichten gespielt. Unsere Hände machen sich nicht selbstständig. Sie handeln auf einen Befehl, den wir selbst ihnen erteilen.

Wie Gedanken und Gefühle unser Handeln bestimmen, beschreiben die amerikanischen Psychologen und Seelsorger William Backus und Marie Chapian so:

»*Ich verursache meinen Ärger selbst! Niemand kann Sie zwingen, sich über anderer Leute Verhalten zu ärgern. Sie tun es sich selbst an. Um noch einen Schritt weiter zu gehen: Sie bewirken Ärger und Zorn durch die Art Ihrer Selbstgespräche. Sie veranschaulichen sich selbst durch Worte, Bilder und Verhaltensweisen den Gegenstand des Ärgers. (...) Warum suche ich den Grund für meinen Ärger bei einem anderen Menschen, wenn ich doch der Einzige bin, der für meinen Ärger verantwortlich ist, und es auch nur an mir liegt, dass der Ärger nicht verschwindet. (...)*

Wir vergeuden eine Menge Zeit, Energie und Gedanken, wenn wir über die Beleidigung, die uns zugefügt wurden, grübeln.«[7]

Das bedeutet:

- Kain ist nicht das Produkt eines unausrottbaren Aggressionstriebes. Seine Mordlust ist das Produkt eines mörderischen Denkens.
- Nicht die Tatsache, dass Gott Abels Opfer akzeptiert, Kains aber übersieht, hat ihn zum Mörder werden lassen, sondern seine *Deutung* des Geschehens.
- Kain *glaubt,* sein Opfer wird nicht anerkannt. Er steigert sich in Hass hinein. Mit den Mordfantasien kommen die entsprechenden Gefühle.

Der katholische Ordenspriester Anselm Grün zitiert in einem seiner Bücher den Philosophen Epiktet, der vor einigen tausend Jahren schrieb:

»*Die Menschen werden nicht durch Ereignisse verwirrt, sondern durch die Vorstellung, die sie sich über die Ereignisse bilden. Nicht der Tod an sich ist furchtbar, sondern nur die Vorstellung, die wir uns vom Tod machen. Nicht die zerbrochene Vase verletzt uns, sondern nur wenn wir die Vase für unentbehrlich halten, wenn wir mit ganzem Herzen daran hängen, wenn wir unsere Identität von ihr beziehen. Nicht der Verlust eines Geldbetrages verletzt uns, sondern nur die Vorstellung, die wir uns vom Geld gemacht haben, die Vorstellung, dass wir das Geld unbedingt brauchen, dass wir ohne es nicht leben können.*«[8]

Damit wird gesagt:

- Wir sehen die Wirklichkeit nie, wie sie wirklich ist, sondern durch die Brille unserer Vorurteile.
- Unsere unbewussten Erwartungen projizieren wir in Menschen und Ereignisse hinein.
- Wir erleben den anderen entsprechend den Gedanken, die wir uns über ihn machen.

Kain sieht in Abel seinen Konkurrenten, seinen Gegner und Rivalen. Der Bibeltext 1. Mose 4 stellt klar: Gefühle führen kein Eigenleben. Sie sind mit unseren Gedanken verbunden. Unsere Deutungen bestimmen die Tatsachen. Unsere Vorstellungen entscheiden darüber, was wir tun werden.

Unsere Gedanken und die Praktiken der Macht

Macht ist nicht gleich Macht, und Herrschaft ist nicht gleich Herrschaft. Jeder Mensch praktiziert seine eigenen Machtstrategien, die mit seinem Lebensstil und seinen Erfahrungen zusammenhängen.

> Der eine benutzt *Worte,*
> der andere benutzt *Waffen,*
> der dritte benutzt *Rachemethoden,*
> der vierte kämpft mit *offenem Visier,*
> der fünfte kämpft *versteckt.*

Die 1000 Gesichter der Macht
Wie kann Macht praktiziert werden?

- Durch Überlegenheitsstreben,
- durch Manipulation,
- durch Recht haben wollen,
- durch Erpressung,
- durch Androhung von Strafe,
- durch Strafe,
- durch Benachteiligung,
- durch Liebesentzug,
- durch Mobbing,
- durch Eifersucht,
- durch Gewalt,

- durch Aggressivität,
- durch Bespitzelung,
- durch Gehirnwäsche,
- durch Einschränkung der Meinungsfreiheit,
- durch Überredung,
- durch Stärke,
- durch Missbrauch des Amtes,
- durch Missbrauch der Gesetze,
- durch Majorisierung der Minderheit,
- durch Belohnung,
- durch Lug und Trug.

Wir sehen, der Fantasie sind hier keine Grenzen gesetzt. Der Machtmensch entdeckt tausend Strategien, um seine Macht zu sichern!

KAPITEL 4

Das Lebensmotiv: Streben nach Macht

Der amerikanische Persönlichkeitsforscher Steven Reiss fand heraus, dass allen menschlichen Verhaltens- und Handlungsweisen 16 Bedürfnisse und Werte zugrunde liegen: die Lebensmotive.[1]

Lebensmotive sind wie ein einzigartiger Fingerabdruck. Sie beinhalten ein unverwechselbares Motiv-Profil. Reiss spricht von »End-Zielen«, die damit verfolgt werden, und von »Letzt-Motiven«. Die 16 Leitmotive sind fundamental und übergeordnet gültig. Sie beschreiben alle wichtigen, von Menschen als wert- und sinnvoll erlebten Handlungen. Jegliches motivierte menschliche Verhalten lässt sich entweder auf einzelne Lebensmotive zurückführen oder auf eine Kombination der 16 Lebensmotive.

Reiss geht davon aus, dass die 16 Lebensmotive genetisch geprägt sind, dass aber vielfältige kulturelle und gesellschaftliche Einflüsse, individuelle Erfahrungen und Willensprozesse diese Lebensmotive beeinflussen.

Das Streben nach Macht – ein Lebensmotiv

Nach Reiss ist eines dieser 16 Lebensmotive das Streben nach Macht. Es wird gekennzeichnet durch folgende Schlüsselmotive:

- Streben nach Einfluss,
- Streben nach Erfolg,

- Streben nach Leistung,
- Streben nach Führung.

Machtorientierte Menschen sind meist ehrgeizig und leistungsorientiert. Sie sind willensstark, können entscheiden und übernehmen Verantwortung.

Machttypen haben Freude daran,

- andere Menschen zu führen,
- andere Menschen zu beeinflussen,
- am Drücker zu bleiben,
- dominant und autoritär aufzutreten,
- manipulativ und zwingend den Ton anzugeben.

Fragen zur Selbstprüfung

- Treffen Sie Entscheidungen lieber allein?
- Lieben Sie es, Menschen zu beeinflussen?
- Tragen Sie gern Verantwortung?
- Sind Sie leistungsorientiert?
- Können Sie gut mit Konflikten umgehen?
- Sind Sie willensstark?
- Sind Sie sehr ehrgeizig?
- Tun Sie für Ihre Anerkennung viel?
- Erleben Sie sich erfolgsorientiert?
- Fällt es Ihnen leicht, Ratschläge zu erteilen?
- Üben Sie gern Kontrolle aus?
- Sind Sie sehr karrierebewusst?
- Fällt es Ihnen schwer, sich unterzuordnen?
- Gelingt es Ihnen, andere mitzureißen?
- Ziehen Sie Alleinverantwortung der Teamarbeit vor?

Anmerkung: Je mehr Fragen Sie positiv beantwortet haben, desto eher neigen Sie dazu, in Ihrem Leben Macht auszuüben.

Ist unser Geltungsbedürfnis unanständig?

Sie werden einwenden: Braucht nicht jeder Mensch ein Stück Beachtung? Sind wir nicht alle auf Anerkennung angewiesen? Strengt sich nicht jedes Kind und jeder Erwachsene an, um etwas zu gelten und respektiert zu werden? Sehnen sich nicht Junge und Alte gleichermaßen nach »Streicheleinheiten«?

Im Folgenden daher ein paar Anmerkungen zum Thema Geltungsbedürfnis.

Anmerkung 1:
Ein gesundes Geltungsbedürfnis ist menschlich

Kinder und Erwachsene wollen gelten, beachtet und respektiert werden. Ohne Beachtung und Zuwendung nisten sich schwere Minderwertigkeitsgefühle und Selbstwertstörungen ein. Ein Mensch, der geliebt wird, der sich zugehörig und geliebt fühlt, produziert kein übertriebenes und ungeistliches Geltungsbedürfnis.

Anmerkung 2:
Zufriedenheit als Barometer für ein gesundes Geltungsbedürfnis

Ein gesundes Geltungsbedürfnis spiegelt Zufriedenheit wider. Kinder und Erwachsene können sich bejahen. Sie denken positiv und führen keinen Bürgerkrieg mit sich selbst. Auch müssen sie sich nicht ständig mit anderen vergleichen. Eifersucht und Neid sind Nebensache. Zufriedenheit und Frieden hängen eng miteinander zusammen. Der Zufriedene hat Frieden mit sich, mit den anderen und mit Gott.

Anmerkung 3:
Segen beinhaltet Anerkennung

So jedenfalls formuliert es der Theologe Professor Dr. Gerhard Maier:

»Was ist eigentlich Segen? Die Forscher haben hier viele Gesichtspunkte zusammengetragen: ›Anerkennung‹ kann Segen bedeuten. ... ›Wohlwollen‹ oder ›wohltätige Kraft‹ auch die Verschaffung von Ansehen, von Glück, von Erfolg. Segen schließt alle Güter ein, die ein frommes Leben braucht.«

Auch zu unserem Christsein gehört ein normales Geltungsstreben. Dazu ein kleines Erlebnis: Vor Jahren hielt ich einmal einen Vortrag. Ich sagte an einer Stelle: »Kein Mensch kann ohne Geltungsbedürfnis und Anerkennung leben – nur Jesus Christus brauchte es nicht.«

Da meldete sich eine Frau und sagte: »Sie irren, Herr Ruthe, auch Jesus bekam Anerkennung, und zwar von seinem himmlischen Vater. Bei der Taufe am Jordan kam eine Stimme vom Himmel, die sagte: ›Das ist mein geliebter Sohn, an dem ich Wohlgefallen habe‹ (Matthäus 4, 12).«

Anmerkung 4:
Geltungssucht ist problematisch

Der geltungs*süchtige* Mensch hungert nach Anerkennung und spiegelt auf der ganzen Linie Unzufriedenheit wider. Er glaubt, nicht zu genügen. Er redet sich ein, besser, klüger, intellektueller, schneller, fleißiger und ehrgeiziger sein zu müssen. Der Geltungs*süchtige* ist hochgradig ehrgeizig, muss aus der Masse herausragen und produziert Prahlerei, Überheblichkeit, Stolz, Hochmut und Eitelkeit. Andere Menschen sieht er nur als Rivalen und Konkurrenten, sie müssen überholt und überrumpelt werden.

Die meisten Menschen haben im Kopf begriffen, dass diese Einstellung falsch ist.

Anmerkung 5:
Gefallsucht und Geltungssucht – ein Geschwisterpaar

Viele Geltungs*süchtige* sind gefall*süchtig*. Sie können nicht nein sagen. Sie wollen sich das Wohlwollen anderer Menschen erkaufen. Nirgendwo dürfen sie anecken. Sie vermeiden jeden Konflikt, jede Auseinandersetzung. Lieber gehen sie den unteren Weg und haben Angst zu widersprechen. Wie viel Selbstunsicherheit, Minderwertigkeitsgefühle und Abhängigkeit stecken da doch im Hintergrund. Gefall- und Geltungssucht fordern Kränkungen geradezu heraus. Diese Menschen lassen sich ausnutzen und ausbeuten. Sie verwechseln Liebe mit Konfliktvermeidung, Unterwürfigkeit und Durchsetzungsschwäche.

Anmerkung 6:
Gott schenkt uns Sicherheit und Bedeutung, Geborgenheit und Geltung

Das sind die Hauptbedürfnisse des Menschen, wie sie Larry Crabb, ein amerikanischer Psychologe und Leiter des »Instituts für biblische Seelsorge« charakterisiert hat. Er beschreibt die Bedürfnisse so:

»Nach meinem Schriftverständnis erhalten wir aus einer Beziehung zwei Dinge, die wir unbedingt brauchen, wenn wir nach Gottes Plan leben wollen: Erstens die Sicherheit wahrer Liebe und Annahme und zweitens Bedeutung, die sich daraus ableitet, entscheidend, dauerhaft und positiv auf andere Menschen Einfluss nehmen zu können.«[2]

Sicherheit beinhaltet Annahme, Anerkennung und Geborgenheit. *Bedeutung* beinhaltet Geltung, Bestätigung und Selbstwert. Wem diese Bedürfnisse erfüllt sind, der kann andere Menschen beglücken, annehmen und bestätigen. Crabb macht aber auch darauf aufmerksam, dass Sicherheit und Bedeutung, Geborgenheit und Geltung eine Schwachstelle aufweisen. Wer sie *aus sich* produzieren will und wer sie *vom anderen* erwartet, wird scheitern. Sicherheit und Bedeutung, die hauptsächlich in Christus erfüllt sind, machen den Menschen fähig, sich und den anderen anzunehmen und gelten zu lassen.

Anmerkung 7:
Welche Schlüsse ziehen Sie aus dem Selbsterforschungsfragebogen?

Die Fragen des folgenden Selbsterforschungsfragebogens sind kein gültiger Test, sondern Anfragen an Ihre Lebensgrundüberzeugungen, Anfragen an Ihr Selbstwertgefühl und Ihre Beziehungsfähigkeit. Sie sollen Ihnen eine wenig Klarheit zu folgenden Fragen verschaffen:

- Wie schätzen Sie Ihr Geltungsstreben ein?
- Sind Ihre Bedürfnisse nach Sicherheit und Bedeutung, nach Geborgenheit und Geltungsstreben gestillt?
- Vermuten Sie, dass Ihr Geltungsbedürfnis angemessen und gesund ist?
- Sind Sie mit sich und Ihren Mitmenschen zufrieden?
- Fühlen Sie sich anerkannt, geborgen, geliebt und wertgeachtet?
- Oder glauben Sie, um Anerkennung, Liebe und Bestätigung kämpfen zu müssen?
- Ärgern Sie sich, weil Sie zu nachgiebig, konfliktscheu und unvollkommen sind?
- Sind Sie unzufrieden, weil Sie nicht alles unter Kontrolle haben, nicht zu den Gewinnern zählen und für Gott nicht ständig betriebsbereit sind?

Wie ausgeprägt ist Ihr Geltungsbedürfnis? – Ein Selbsterforschungsfragebogen

	Stimmt nicht	Stimmt etwas	Stimmt voll
Ich gelte nur etwas, wenn ich perfekt bin.			
Ich gelte nur etwas, wenn ich Konflikte vermeide.			
Ich gelte nur etwas, wenn ich leide.			
Ich gelte nur etwas, wenn ich Beachtung finde.			
Ich gelte nur etwas, wenn man mich umsorgt.			
Ich gelte nur etwas, wenn ich alle Fäden in der Hand halte.			
Ich gelte nur etwas, wenn ich Anerkennung bekomme.			
Ich gelte nur etwas, wenn ich viel leiste.			
Ich gelte nur etwas, wenn mich jeder mag.			
Ich gelte nur etwas, wenn Menschen in meiner Umgebung meine Erwartungen erfüllen.			
Ich gelte nur etwas, wenn ich zu den Besten gehöre.			
Ich gelte nur etwas, wenn geliebte Menschen meine Bedürfnisse erkennen.			
Ich gelte nur etwas, wenn ich bedingungslos geliebt werde.			
Ich gelte nur etwas, wenn ich anderen gefalle.			
Ich gelte nur etwas, wenn ich gewinne.			
Ich gelte nur etwas, wenn ich ständig für Gott tätig bin.			

Hilfen für den Fragebogen:

1. Füllen Sie bitte ehrlich und ohne langes Nachdenken den Fragebogen aus!
2. Wie schätzen Sie sich selbst ein, wenn Sie Ihre Antworten betrachten?
3. Gehen Sie jeden Satz durch, den Sie mit »Stimmt voll« angekreuzt haben! Was ist bei Perfektion, bei Konfliktvermeidung und Leiden problematisch, um nur die ersten Aussagen zu nennen?
4. Was hat Ihr Geltungsbedürfnis mit Macht, Einfluss und falschem Ehrgeiz zu tun?
5. Sind Sie bereit, Ihre Lebenseinstellung zu korrigieren, wenn Schwächen, die den Maßstäben Gottes widersprechen, offenbar werden?
6. Wie konkret können Sie Ihre problematischen Einstellungen des Geltungsbedürfnisses formulieren?

KAPITEL 5

Wie reagieren Kinder auf elterliche Macht?

Viele Eltern verlassen sich erstaunlicherweise auf ihre Überlegenheit. Sie sind älter, erfahrener und vorausschauender, also meinen sie, sie hätten zweifellos auch den besseren Überblick. Und sie möchten diesen Vorsprung ausnutzen. Sie glauben, Kinder brauchen deutliche Führung. Mehr als es den Kindern gut tut, planen sie daher für ihren Nachwuchs, entscheiden ohne Absprache über deren Köpfe hinweg.

Wer *für* den anderen plant,
wer *für* den anderen entscheidet und
wer *für* den anderen die Verantwortung trägt,
entmündigt und erlebt, dass Kinder sich gleichgültig lenken lassen oder aber in Widerstand geraten.

Macht und Machtmuster rufen die unterschiedlichsten Reaktionen hervor.

Der amerikanische Therapeut Thomas Gordon hat in seinem Buch »Die neue Familienkonferenz« 24 Reaktionen formuliert, die Kinder und Jugendliche benutzen, um gegen die Macht und Kontrolle der Eltern zu rebellieren:

1. *Widerstand, Trotz, Negativismus*
2. *Rebellieren, Ungehorsam, sich widersetzen, frech sein*
3. *Vergelten, zurückschlagen, angreifen, zerstören*
4. *Schlagen, sich kämpferisch verhalten*
5. *Regeln und Gesetze durchbrechen*
6. *Wutausbrüche bekommen, wütend werden*
7. *Lügen, täuschen, die Wahrheit vertuschen*
8. *Andere beschuldigen, petzen*

9. *Andere tyrannisieren und herumkommandieren*
10. *Sich zusammenrotten, sich verbünden, sich gegen die Erwachsenen organisieren*
11. *Speichelleckerei, Beschönigungen, Verniedlichung, Einschmeicheln bei Erwachsenen*
12. *Rückzug, Fantasien, Tagträume*
13. *Rivalität, siegen müssen, nicht verlieren können, hervorstechen müssen, andere herabsetzen*
14. *Aufgeben, sich besiegt fühlen, faulenzen, trödeln*
15. *Weggehen, flüchten, von zu Hause fortbleiben, weglaufen, die Schule abbrechen, Stunden schwänzen*
16. *Nicht reden, ignorieren, schweigen, den Erwachsenen abschreiben, Distanz halten*
17. *Weinen, schreien, deprimiert oder hoffnungslos sein*
18. *Ängstlich sein, schüchtern, furchtsam, Angst, etwas zu sagen, zögern, etwas Neues zu probieren*
19. *Bestätigung brauchen, ständig nach Anerkennung suchen, sich unsicher fühlen*
20. *Krank werden, psychosomatische Beschwerden entwickeln*
21. *Zu viel essen und dick werden, hungern und abnehmen*
22. *Unterwürfig sein, angepasst, nachgiebig, pflichtbewusst, schmeichelnd, Streber*
23. *Stark trinken, Drogen nehmen*
24. *In der Schule täuschen, abschreiben*[1]

Deutlich wird: Der Einsatz von Macht bringt zwei Menschen in eine bestimmte Beziehung zueinander. Der eine übt Macht aus, der andere reagiert darauf.

Kinder verfügen über unzählige Methoden, der Macht entgegenzutreten.

Thomas Gordon unterteilt die Bewältigungsmuster der Kinder in drei Hauptgruppen:

- in *Kampf*-Methoden,
- in *Flucht*-Methoden und
- in *Unterwerfungs*-Methoden.

Es leuchtet ein, dass alle drei Strategien negativ sind und sich gemeinschaftsfeindlich auf das menschliche Zusammenleben auswirken.

Männliche Jugendliche neigen häufiger zu Kampfmethoden als weibliche, besonders wenn sie in der Pubertät sind. Sie laufen gegen die Erwachsenenautorität Sturm. Alle Bewältigungsstrategien rufen bei Eltern und Erziehern selbstverständlich Gegenreaktionen hervor. Sie lassen sich provozieren und bestrafen dann. Damit hat ein gefährlicher Machtkampf begonnen. Widerstand und Trotz, Rebellion und Ungehorsam werden losgetreten.

Mädchen praktizieren häufig ein gegenteiliges Verhalten. Sie ordnen sich unter, verhalten sich angepasst und reagieren nicht selten mit extremen Selbstwertstörungen. Die sichtbaren Folgen sind weniger gefährlich, aber dennoch richten Unterwerfungsreaktionen großen seelischen Schaden an.

Hilfen zur Selbsterforschung

1. Bitte lesen Sie alle 24 Reaktions- und Bewältigungsmuster der Kinder und Jugendlichen durch.
2. Welche Muster benutzen Ihre Kinder, um sich gegen Ihre pädagogischen Maßnahmen zu wehren?
3. Wenn Ihr Kind übertrieben artig und angepasst reagiert, kann es sein, dass es auch im Leben vieles zu artig, zu angepasst und zu widerspruchslos über sich ergehen lässt?
4. Sind Sie als Eltern mit einem oder mehreren Kindern in einen Machtkampf verwickelt?

5. Ist es auch möglich, dass sich Ihre Kinder zu Hause angepasst verhalten und sich ansonsten wütend und rebellisch abreagieren?
6. Kann es sein, dass Ihre Kinder sich rächen? Dass sie hintenherum Böses tun und sich an Ihnen oder an Geschwistern oder Kameraden schadlos halten?
7. Ist es möglich, dass Ihre Kinder sich ins Schneckenhaus verkriechen, sich isolieren und Sie nicht mehr an sie herankommen?
8. Was wollen Sie tun, wenn Sie eine destruktive Reaktion Ihrer Kinder oder eines Kindes entdecken?

Macht und Gewalt

Der strafenden Macht und Gewalt der Eltern und Erzieher begegnen Kinder und Jugendliche häufig mit Gegengewalt. Kränkungen und Demütigungen, die das Kind erfährt, beantwortet es oft mit Rache und Vergeltung.

In unserer heutigen Zeit sind gewalttätige Handlungen gegen Lehrer und Erzieher an der Tagesordnung. Erinnern wir uns an das, was vor einiger Zeit in Erfurt geschah. Ein junger Mann, der sich missachtet und diskriminiert fühlte, griff zur Schusswaffe und tötete kurzerhand viele ahnungslose Menschen. Die Presse sprach von einem »Amoklauf«, obwohl der Täter keineswegs in einem Zustand dafür war. Wegen einer Attestfälschung hatte man ihn von der Schule verwiesen. Bezeichnend auch, dass er oft vor dem Computer saß und gewalttätige Spiele und Videos betrachtete.

Die Psychotherapeutin Christa Mewes schrieb über diese Gewalttat:

»Die Bluttat von Erfurt ist ein Fanal. Es ist das verheerende Aufbrechen eines Geschwürs in unserer Gesellschaft, das bereits an vielen verdrängten Metastasen hätte erkennbar werden können:

- *der unzureichenden Betreuung von Kindern,*
- *immer mehr getrennt lebenden Eltern,*
- *von vereinsamten Kindern, die sich hinter Computerspielen verschanzen.*

Dazu kommen üble Anregungen zur Nachahmung durch elektronische Medien, Versuche zur Aggressionsentlastung durch eine große Vorliebe für Waffen und gewiss nicht zuletzt ein Schulsystem mit erbarmungslosem Klausurenstress und Angst, hoffnungslos und für alle Zeiten versagt zu haben. Deshalb ist die Gefahr von Nachahmungstätern gegeben.«[2]

Im Videospiel kann ein Spieler die virtuelle Gewalt – im Gegensatz zur realen Gewalt – ohne Reue genießen. Während reale Gewalt Angst erzeugt, bewirkt virtuelle Gewalt Lust und vermittelt ein allmähliches Gefühl der Überlegenheit.

Macht Gewaltfilme für Kinder unzugänglich!

Die Beurteilung der Auswirkung von Computerspielen und Videofilmen auf Verhaltensmuster der Jugendlichen ist eigentlich einheitlich.

Jugendliche haben klare Qualitätskriterien für Gewaltvideos:

- Die Szenen sollen *realistisch* sein,
- die Gegner sollen möglichst *echt* wirken,
- es soll sich um *Originalwaffen* handeln.

Die Grenzen zwischen Virtualität und Realität werden verwischt, Feindbilder verherrlicht. Es ist keine Frage, dass Kinder, die bereits eine Bereitschaft zu gewalttätigem Handeln mitbringen, an dieser Stelle besonders gefährdet sind. Zweifellos wird ihre Aggression verstärkt. Die Bilder verleiten dazu, Gewalt bedenkenlos als Mittel zur Konfliktlösung einzusetzen. Auch der Nachahmungseffekt spielt hierbei eine große Rolle.

Der Justizminister von Niedersachsen, der zuvor das Kriminologische Forschungsinstitut des Landes leitete, nimmt zu Gewaltdarstellungen in Film und Medien wie folgt Stellung:

»Der Grund für eine Initiative sind neue Forschungserkenntnisse zum Fernseh- und Videokonsum junger Menschen. Sie zeigen, dass die Mehrheit der über zehnjährigen Kinder und Jugendlichen mindestens einmal und viele sogar mehrfach die Woche Filme und Videos mit jugendgefährdenden Gewaltexzessen sieht. Ihre Hauptzugangsquellen sind dabei das eigene Fernsehgerät, mehr als ein Drittel der Kinder und Jugendlichen verfügt über einen eigenen Apparat oder Videorekorder. Alarmierend: 17,3 Prozent der männlichen 11- bis 19-Jährigen sehen täglich Horrorvideos und umgehen damit die Zeitsperre von 22.00 Uhr für Gewaltfilme im Fernsehen. Das dürfen wir aus drei Gründen nicht hinnehmen. Erstens erhöhen solche Filme bei ohnehin bereits gefährdeten und gewaltorientierten jungen Menschen in beträchtlichem Ausmaß deren Gewaltbereitschaft. Zweitens speichern Kinder und Jugendliche die Horror-Bilder exzessiver Gewalt viel stärker in ihrem Langzeitgedächtnis als Erwachsene, weil ihr noch wachsendes Gehirn Kapazität frei hat. Und drittens gefährden solche Filme den schulischen Lernerfolg: Der Spannungshöhepunkt von filmischen Gewaltexzessen überlagert das, was während des Vormittags aus dem Unterricht im Kurzzeitgedächtnis angekommen ist.«[3]

Norbert Blüm, ehemals deutscher Arbeitsminister, ist skeptisch, was die Konsequenzen angeht. Er ist der Meinung, dass der runde Tisch gegen Gewalt im Fernsehen, der runde Tisch gegen Computerspiele, neue Gesetze gegen die Gewalt und Appelle an die Eltern, mehr Verantwortung zu übernehmen, bald vergessen sind. Er hält das alles für puren Aktionismus. Wörtlich schreibt er:

»Es droht sich hierzulande das zu wiederholen, was die Hinter-

bliebenen der Opfer des Amoklaufs in der Colombine Highschool in Littleton, Colorado, erleben mussten. Drei Jahre nachdem zwei Schüler dort 13 Menschen erschossen haben, ist praktisch nichts geschehen. Sämtliche Prozesse sind eingestellt, ein Richter bescheinigte der verklagten Film- und Computerspielindustrie, man könne weder brutale Videos noch Ballerspiele für den Gewaltausbruch verantwortlich machen. Und die meisten Eltern, die gelobten, einen speziellen Chip in ihren Fernseher einbauen zu lassen, der Gewalt- und Sexfilme ausfiltert, beließen es bei ihrer Ankündigung. Nur zehn Prozent aller Haushalte benutzen ihn. Und das, obwohl eine aktuelle Studie des angesehenen Magazins ›Science‹ belegt, dass Kinder, die viel fernsehen, eher zur Gewalt neigen als solche, die weniger sehen.«[4]

Die Fragen bleiben:

- Haben Eltern und Erzieher vor der Macht der Medien kapituliert?
- Glauben Eltern und Erzieher, dass Macht, Gewalt und Aggression zur erblichen Disposition des Menschen gehören?
- Bejaht die Mehrheit, was Forscher ermittelt haben, dass nämlich 20 bis 30 Prozent der Eltern und Erzieher davon leben, »mit harter Hand gegen Kinder vorzugehen«?
- Nehmen wir hin, was das Kriminologische Institut des Landes Niedersachsen über das Ausmaß von Erziehungsgewalt und Misshandlung bestätigt, dass die »elterliche Gewalt« gegen Kinder und Jugendliche immer noch weit verbreitet ist?

Die eigentlichen Verführer

Die Mörder im amerikanischen Littleton und in Erfurt sind Verführte. Die eigentlichen Mörder sind unter anderem die

Film- und Videoproduzenten. Sie haben Gewalt als Volksunterhaltung hochstilisiert. Junge Menschen und Kinder werden per Internet zum Bösen verführt. Die Filmemacher wollen Geld machen und setzen die Schöpferordnungen Gottes außer Kraft.

Was ist daran das Gefährliche?

- Kinder und Jugendliche können nicht zwischen der Realität und der verherrlichten Scheinwelt unterscheiden.
- Eltern haben zu wenig Zeit oder nehmen sich zu wenig Zeit, den Kindern Sein und Schein zu verdeutlichen.
- Eltern und Erzieher verschließen die Augen, um in Ruhe gelassen zu werden. Sie zucken nur hin und wieder zusammen, wenn Kinder und Jugendliche zur Waffe greifen, um Konflikte in erlebter Manier zu lösen.
- Wie sollen Kinder und Jugendliche die Mitmenschen achten, wenn Erwachsene ihnen vormachen, wie man den Gegner brutal ins Jenseits befördert?
- Wie sollen Kinder und Jugendliche das Wesen Mensch achten, wenn Jahr für Jahr Hunderttausende von Kindern im Mutterleib getötet werden?

Die moralische Entrüstung bringt nichts, wenn nicht Eltern und Erzieher systematisch mit Kindern und Heranwachsenden Macht- und Gewaltprobleme besprechen. In der Schule sollten Lehrer mit ihren Schülern gemeinsam daran arbeiten, wie man Auseinandersetzungen und Konflikte auf friedliche Weise lösen kann. Was Kinder und Heranwachsende nicht gelernt haben, können sie auch nicht umsetzen. Wer auf der Straße, im Film oder am Computer lernt, sich gewaltsam Recht zu verschaffen, darf sich nicht wundern, wenn Kinder diese Problemlösungen bevorzugen.

Ihre Möglichkeiten als Eltern und Erzieher

Videorekorder, Fernsehapparat und PC gehören heute zu den Geräten, die in den meisten Familien zu finden sind. Wie können Sie sichergehen, dass Ihre Kinder sich nicht heimlich und unbeobachtet schädliche bzw. brutale Filme ansehen?

Einige Anregungen:

- Es ist hilfreich, mit Ihren Kindern im Gespräch darüber zu bleiben, warum bestimmte Sexvideos und Brutalo-Szenen im Hause nicht erwünscht sind.
- Es ist hilfreich, dass Ihre Videothek weiß, wie alt Ihre Kinder sind, und dass ihnen keine Filme ausgehändigt werden, die Sie für ungeeignet halten.
- Es ist hilfreich, die Computerbenutzung Ihrer Kinder zu kontrollieren, damit Sie überprüfen können, was Ihre Kinder auf Datenträgern gespeichert haben.
- Es ist hilfreich, mit den Eltern der Freunde Ihrer Kinder zu besprechen, dass bestimmte Videos nicht gemeinsam angeschaut werden dürfen.
- Es ist hilfreich, mit Ihren Kindern einen brutalen oder pornografischen Film, den sie gesehen haben, zu besprechen, um den Reiz und die Schwäche dieser Streifen im zwischenmenschlichen Zusammenleben aufzudecken.
- Es ist hilfreich, Ihren Kindern dabei beizustehen, auf positive Weise Wege zu finden, sich zu weigern, brutale oder schmutzige Videos anzuschauen.
- Es ist hilfreich, sich die Filme anzusehen, die Kinder unbedingt sehen wollen, damit Sie im Gespräch mit ihnen bleiben können.

KAPITEL 6

Der Lebensstil des Herrschers

Der Lebensstil beinhaltet die Denk-, Fühl- und Verhaltensmuster eines Menschen. Sein Lebensstil wird von seinen Lebensgrundüberzeugungen, seinen Grundannahmen und seinem Umgangsmuster gekennzeichnet. Mit Lebensstil ist hier allerdings nicht die Vorliebe für moderne Kunst, für Designerklamotten und für offene Sportwagen gemeint, sondern die Art, wie ein Mensch seine Ziele erreicht.

Der Lebensstil kennzeichnet sein Wesen,

- wie er sich durchsetzt,
- welche Leitsätze sein Leben bestimmen
- und welchen Werten er sich verpflichtet fühlt.

Kennen wir diese Ziele, können wir auch ziemlich genau vorhersagen, wie dieser Mensch leben und handeln wird.

Den Lebensstil des Herrschers, also des Menschen mit Herrscherallüren, gibt es übrigens bei beiden Geschlechtern. Nicht nur Männer verkörpern den Herrschertyp, sondern auch Frauen mit Machtinstinkt.

Sechs Motive der Macht

Die Leitmelodie des Herrschers lautet: »Ich zähle nur, wenn ich alles im Griff habe!« Herrscher wollen alles und jeden kontrollieren. Macht ist ihnen auf den Leib geschrieben. Es macht ihnen Spaß, die Fäden in der Hand zu halten.

Selbstverständlich gibt es nicht *den* Herrscher. Seine Methoden und Motive können sehr verschieden voneinander sein.

Schauen wir uns einige Motive an.

Motiv 1:
Der Herrscher will sich selbst beherrschen

Er wirkt außerordentlich kontrolliert. Selten fährt er aus der Haut. Konflikte und Auseinandersetzungen, die mit starken Emotionen verbunden sind, werden nach innen geleitet. Meisterhaft versteht er es, Gefühle zu verstecken. Er frisst viel in sich hinein.

Wenn allerdings das Maß voll ist, gibt es einen ziemlichen Knall. Die Explosion ist gewaltig und zieht auch andere in Mitleidenschaft. Besonders Familienangehörige leiden unter dem temperamentvollen Herrscher, wenn dieser jähzornig aus der Haut fährt.

Motiv 2:
Herrscher müssen Recht behalten

Viele Herrscher sind leidenschaftliche Diskutierer. Wer sich mit ihnen einlässt, wird schnell an die Wand gespielt. Von Kindheit an haben sie gelernt, sich wortgewandt zu verteidigen. Auf alles finden sie die passende Antwort. Sie wissen alles und sie wissen alles besser. Schnell behaupten sie etwas, ohne einen exakten Beweis dafür zu liefern. Argumentativ sind sie gerissen. Weil sie herrschen und bestimmen wollen, fällt ihnen zur rechten Zeit immer das Passende ein. Partner und Kinder fühlen sich diesem Typ hoffnungslos unterlegen.

In der Beratungspraxis sagte die Frau eines solchen Herrschers einmal zu mir: »Herr Ruthe, ich brauche Ihren Beistand. Allein komme ich gegen ihn nicht an. Ich kann eine Sache drehen, wie ich will, er behält stets das letzte Wort. Auch unsere Kinder haben bei ihrem Vater längst kapituliert. Alle müssen machen, was er will, sonst wird er unausstehlich.«

»Er wird unausstehlich!« – dieser letzte Gedanke ist wichtig. So laut und jähzornig klingt dann seine Stimme, dass Frau und Kinder lieber schweigen und sich unterordnen.

Motiv 3: Der Herrscher ist unnahbar

Er versteht es, andere auf Abstand zu halten. Auf Veranstaltungen kann er herzlich Hände schütteln, aber niemand lernt ihn richtig kennen. Geschickt vermeidet er es, Nähe zuzulassen. Über alles spricht er, nur nicht über seine Gefühle und sein Innenleben. Seine Partner haben es schwer, ein inniges Verhältnis zu ihm aufzubauen. Zeigt er Gefühle, macht er sich verletzlich; entblößt er sich, zeigt er Schwächen.

Diese Art Herrscher will undurchschaubar bleiben. Je weniger er sich offenbart, desto geheimnisvoller und stärker wirkt er.

Motiv 4: Der Herrscher ist häufig ein Perfektionist

Seine Ziele sind unbewusst enorm hoch. Nicht wenige Frauen und Männer versuchen, als Perfektionisten zu leben. Im Grunde aber ist es ein unmenschliches Streben und setzt Leib, Seele und Geist unter Druck. Menschen, die dem Perfektionismus huldigen, schädigen sich und ihre Umgebung.

Perfektionisten wollen gesehen und bewundert werden. Mit Macht drehen sie auf und holen das Letzte aus sich heraus. Sie demonstrieren ihr Können. Ihre Herrschaft kommt zum Ausdruck, indem sie andere kritisieren oder »runtermachen«.

Perfektionismus ist menschliche Überheblichkeit. Aber das ist ja wiederum das versteckte und unerkannte Ziel: Der Perfektionist will überlegen sein, er will seine Macht ausüben. In Ehe, Familie und am Arbeitsplatz sind Perfektionisten unangenehme Zeitgenossen. Ihr Anspruch ist grenzenlos, sodass in ihrem Verhalten etwas Tyrannisches zum Ausdruck kommt.

Motiv 5:
Herrscher haben Angst vor dem Tod

Was ist der Tod?

- Verlust der *Macht,*
- Verlust der *Kontrolle,*
- Verlust der *Überlegenheit.*

Ich hatte einen Mann bei mir in der Seelsorge. Er war bewusster Christ und Leiter einer Freien Gemeinde. Er war 69 Jahre alt und nicht bereit, sein Amt zur Verfügung zu stellen. In einem Gespräch sagte er mir: »Ich darf gar nicht daran denken, die Leitungsfunktion abzugeben. In den vergangenen Jahren habe ich in der Gemeinde an der Spitze gestanden, mein ganzes Leben gehört meinem Herrn. Da wird er es mir doch nicht verübeln, dass ich an diesem Amt hänge, noch dazu, da ich es auch gewissenhaft ausübe.«

In einem weiteren Gespräch offenbarte mir derselbe Ratsuchende ein weiteres Problem: Er möchte beim Abendmahl den Kelch nur mit einer Hand halten können. Sein Zittern aber macht es ihm unmöglich, den Kelch lediglich mit einer Hand weiterzureichen.

Auch diese Bitte enthält ein verstecktes Machtproblem. Mit allen Mitteln will dieser Mann seiner körperlichen Schwäche begegnen. Er bangt um sein Amt und um seine Macht. Den Abbau seiner Kräfte begreift er als Angst vor dem Tod.

Motiv 6:
Herrscher stehen unter starkem Stress

Die Stressfaktoren kommen nicht von außen, sondern von innen. Sie werden zur Bedrohung, weil Herrscher eine extreme

Spannung erzeugen, die mit ihren hohen Erwartungen an sich und an andere zusammenhängen. Wer führen, herrschen und dominieren möchte, bringt sich selbst in Stress, setzt sich selbst unter Druck. Nicht die Umstände und nicht die anderen verursachen den Stress, sondern der Lebensstil mit seinen überhöhten Forderungen.

Der Lebensstil bringt auch unsere Interpretation davon zum Ausdruck, wie wir eine Situation oder ein Ereignis bewerten. Wer sich bedroht fühlt, wer sich in Frage gestellt sieht, wer seine Herrschaft angeknackst erlebt, der setzt alles daran, seine Herrschaft zu festigen. Diese Anstrengungen, die den irrigen Zielen der Herrschsüchtigen entsprechen, rufen die Stressbelastungen hervor.

Menschen mit Herrscherhabitus

Es ist deutlich geworden, dass Stress beim Herrscher oder bei der Herrscherin kein Schicksal ist, das erbarmungslos von draußen über sie hereinbricht. Nein, es ist vielmehr ein hausgemachtes Problem. Darum helfen auch keine Fitnesskuren, keine Pillen zur Stärkung des Nervensystems und auch keine sportlichen Betätigungen. Alle diese symptomkosmetischen Hilfen verlängern das Elend bestenfalls.

Warum ist das so?

Der Herrscherhabitus ist nicht angeboren, sondern eintrainiert. Er wird keinem Menschen übergestülpt, sondern ist von Frauen und Männern freiwillig gewählt worden.

- Der Herrscherhabitus drückt Überlegenheit, Kontrolle und Macht aus.
- Der Mensch will das Sagen haben.
- Der Mensch will alles im Griff haben.
- Der Mensch will das letzte Wort behalten.

Der Mensch mit Herrscherhabitus hat sich für diesen spannungsgeladenen Lebensstil entschieden. Niemand zwingt ihn, nur er selbst.

Darum ist es für uns wichtig, zu begreifen, dass wir für unsere seelischen und körperlichen Belastungen zum Teil selbst verantwortlich sind.

- *Wir* haben uns entschieden, alles im Griff zu haben.
- *Wir* haben uns entschieden, die anderen zu kontrollieren.
- *Wir* haben uns entschieden, die Mächtigen und Überlegenen zu sein.

So negativ wie diese Feststellungen klingen, so hilfreich sind sie aber auch. Wenn wir nämlich weitgehend für unseren Lebensstil, für unsere Überzeugungen und für unsere Ziele verantwortlich sind, dann können wir sie auch ändern – wenn wir das wollen.

Und hier beginnen die Schwierigkeiten. Menschen, die führen und herrschen, haben große Probleme, ihren Lebensstil zu ändern. Sie wollen so bleiben, wie sie sind. Den Stress und die Belastungen nehmen sie gerne auf sich, weil ihnen Macht und Herrschaft mehr bedeuten.

»Sage mir, was du tust, und ich sage dir, wer du bist.« – Ein wahres Wort zur Selbsterkenntnis. Es spiegelt die wirklichen Überzeugungen des Menschen wider. Im Handeln werden seine tiefsten Ansichten erkennbar.

Auch das, was wir in Wut hinausschreien, gibt unsere innigsten Empfindungen wider.

Da schreit eine Frau ihren Ehemann in grenzenloser Wut an: »Du bist ein elender Mistkerl!«

Eine Viertelstunde später fällt sie ihm in den Arm und entschuldigt sich für ihre verbale Entgleisung: »Es tut mir entsetzlich Leid, was ich vorhin gesagt habe. Es war nicht so gemeint.«

Das ist eine Lüge! Der erste Satz kann stimmen, natürlich kann ihr die Verletzung Leid tun. Aber der zweite Teil bleibt eine Lüge, denn hätte sie nicht so gedacht, wäre ihr auch dieser Satz nicht über die Lippen gekommen. Wir können nur aussprechen, was wir denken. Wir können nur das formulieren, was wir im Herzen ausgebrütet haben.

Jesus hat vollkommen Recht, wenn er sagt:

»*Was aber aus dem Mund herauskommt, kommt aus dem Herzen, und das macht den Menschen unrein. Denn aus dem Herzen kommen die bösen Gedanken und mit ihnen Mord, Ehebruch, Unzucht, Diebstahl, Verleumdungen und Beleidigungen. Das ist, was den Menschen unrein macht.*« (Matthäus 15, 18–20)

Jesus hat den Menschen durchschaut. Sein Wort trifft den Kern der Sache. Gedanken werden zur Tat, Vorstellungen kurbeln das Handeln an, Gefühle und Empfindungen heizen unsere Sprache an und lassen uns böse Sätze formulieren.

Was können Herrscher und Herrscherinnen tun?

Welche Hilfen greifen bei ihnen, wenn sie ihren fragwürdigen Lebensstil ändern möchten? Welche Schritte sind notwendig, um die destruktiven Ziele zu korrigieren?

Schritt 1:
Der Herrscher muss einsehen, dass seine Lebensüberzeugungen falsch sind

»Einsicht ist der erste Schritt zur Veränderung.« Wer sagt: »Eigentlich müsste ich meine Herrschsucht ändern«, wird unweigerlich bei seinen Leitideen bleiben. Das Sprichwort bringt es auf den Punkt: Wer nicht restlos überzeugt ist, macht eben im alten Stil weiter. Im Wort »eigentlich« spiegelt sich ein frommer Wunsch wider. Der Mensch erkennt eine gewisse Notwendigkeit, aber es fehlt ihm der Mut zur Korrektur.

Ihm fehle der Wille, sagt der Betroffene. Auch das ist eine Lüge. Ihm fehlt nicht der Wille, ihm fehlt die innere Überzeugung, dass eine Korrektur auch wirklich notwendig ist. Wer fest und ohne Einschränkung die Gewissheit gewonnen hat, dass eine Umkehr erforderlich ist, der wird auch den Willen aufbringen, die Einsicht umzusetzen.

Schritt 2: Beginnen Sie mit kleinen Schritten, Ihre Herrschsucht zu verringern

Herrschsucht ist ein krankhaftes Unterfangen. Es zeigt, dass der Betroffene nur zufrieden ist, wenn er alles unter Kontrolle hat. Dieser überhöhte Anspruch macht unzufrieden, verursacht extreme Spannung und viel Stress. Wer das Steuer um hundertachtzig Grad herumwerfen will, der scheitert. Er gerät in den Strudel des Alles-oder-nichts-Denkens. Nur zu leicht machen sich dann Depression und Resignation breit. Der Mensch fühlt sich zutiefst in seinem Wert bedroht.

Beginnen Sie mit kleinen Schritten. Die Mutter, die Herrscherin ist, die ihren Nachwuchs mit Adleraugen überwacht, alles steuert und bestimmt, beginnt, ihren Kindern mehr Selbstbestimmung und Eigensteuerung zuzumuten.

Die Antwort auf die berühmte Frage der Tochter: »Was soll ich denn anziehen?«, die die Mutter bisher zielstrebig und bestimmt gegeben hat, lautet jetzt: »Ich traue dir deinen eigenen Geschmack zu. Du weißt, was zusammenpasst, und du wirst eine gute Wahl treffen.«

Der Mann, dem die Frau bisher den Schlips, das Hemd und den dazugehörigen Anzug aufs Bett gelegt hat, wird demnächst zu hören bekommen: »Lieber Schatz, ich habe dich in deiner Kleiderwahl bevormundet und dich in deinem Geschmack verunsichert. Ich bitte dich, dir von nun an Schlips, Strümpfe, Hemd, Anzug und passende Schuhe selber zurechtzulegen. Ich möchte die Verantwortung dafür gerne abgeben.«

Wer in kleinen Schritten beginnt, dem Partner, den Kindern und seinen Mitarbeiterinnen bzw. Mitarbeitern mehr Verantwortung und Entscheidungsfreiheit zuzumuten, der lernt, seine Herrschsucht und Alleinverantwortung zu zügeln.

Schritt 3:

Nichts gerät außer Kontrolle, wenn Sie die Zügel lockern

»Vertrauen ist gut, Kontrolle ist besser!« Der Satz klingt einleuchtend, in diesem ehemals kommunistischen Grundsatz zeigt sich aber eine herrschsüchtige Einstellung.

Wer alles kontrolliert, lähmt jegliche Eigeninitiative. Er wird niemals das Vertrauen seiner Mitarbeiter und Untergebenen gewinnen.

Wer alles kontrolliert, muss damit rechnen, dass er belogen und betrogen wird. Warum das? Nun, Kontrolle ist aufreibend, belastend und selbstschädigend. Im Grunde genommen ist sie das personifizierte Misstrauen. Wer sich pausenlos kontrolliert und beobachtet fühlt, wartet nur darauf, den Chef, den Herrscher, zu betrügen und zu hintergehen. Eine feindliche Stimmung ist die Folge.

Wer die Zügel hart und fest in der Hand gehalten hat, darf aber nicht ins Gegenteil verfallen. Damit können Mitarbeiter in einer Firma bzw. Kinder in der Familie und in der Schule nicht umgehen. Die Kontrolle muss stetig verringert werden. Dann aber ist dieser Prozess für alle Beteiligten heilsam.

Schritt 4:

Gehen Sie barmherzig mit sich um!

Herrschertypen sind unbarmherzig, sowohl gegen sich selbst als auch gegen andere. Sie überfordern sich und ihre Umgebung. Das Klima zwischen ihnen und anderen ist schlecht. Ihre Beziehungen sind gestört, die Reibungen im persönlichen Alltag und am Arbeitsplatz sind groß.

Schon ein kleines Stück mehr an Barmherzigkeit gegen sich

und andere verbessert die Beziehungen in allen Bereichen. Die Spannungen zwischen Herrschern und Untergebenen verringern sich, die Arbeitsbeziehungen laufen reibungsloser. Alle Parteien fühlen sich wohler.

Barmherzigkeit ist ein Gottesgeschenk. In der Bibel kommt diese positive Eigenschaft an vielen Stellen vor. Gott wird als der Barmherzige charakterisiert. Paulus nennt Gott den »Vater der Barmherzigkeit«.

Herrschsucht ist ein Allmachtsstreben, ein übermenschliches Verhalten. Barmherzig ist, wer gut mit anderen und mit sich selbst umgeht. Jesus ist das persönliche Abbild der Barmherzigkeit Gottes. Er fühlt mit uns, er leidet mit uns, er liebt uns.

Menschen mit Herrschaftshabitus müssen umlernen. Von klein auf sind sie gewöhnt, unbarmherzig, rigoros und streng mit sich und ihrer Umwelt zu sein. Wer die Einsicht wagt, mit sich und anderen weniger anspruchsvoll zu verkehren, tut sich und seinen Mitmenschen einen großen Dienst.

Schritt 5: Führen Sie keinen falschen Kampf mit sich selbst

Die meisten Herrscherinnen und Herrscher verstricken sich in einen nutzlosen und gefährlichen Kampf, indem sie versuchen, sich zu beherrschen. Dieser Kampf beruht auf etlichen Irrtümern.

Selbstkontrolle spielt schon in der Kindheit eine besondere Rolle. Ständig bekommen wir Appelle zu hören, dass wir uns beherrschen sollen. Wieso aber wird dieser Kampf dann oft zum »Scheinkampf«?

Antwort: Die Anstrengung, sich selbst zu beherrschen, ist nur dann erfolgreich, wenn ein Kampf gar nicht notwendig ist. Wenn wir ernsthaft das Rechte tun wollen, wenn wir wirklich unserem Gewissen folgen, dann sind Kämpfe überflüssig. Wenn wir aber gegen das Rechte angehen, wenn wir egoistisch und selbstsüchtig sein wollen, dann beginnt ein merkwürdiger Kampf.

Hat die Selbstbeherrschung nicht geklappt, bekommen wir Schuldgefühle, die unsere guten Absichten beweisen sollen.

Wer herrschen will, wer bestimmen will, wer sich so oder so durchsetzen will, der muss nicht mit sich kämpfen. Er herrscht, weil er herrschen will. Er herrscht, weil er tief in sich drin von der Richtigkeit seines Handelns überzeugt ist.

Für wen es aber ein Kampf ist, seine Herrschaft einzuschränken, der belügt sich selbst. Sein Kampf ist Augenwischerei, er kämpft im Grunde nur, weil er seine Herrschaft nicht loslassen will, weil er sie nicht aufgeben kann.

Zur Erinnerung: Ich sagte im Schritt 1, dass nur, wer die unerschütterliche Einsicht hat, die Herrschaft zu verringern, wer also mit seinem Herzen, mit seinem Gewissen und mit seiner geistlichen Einstellung dahinter steht, kompromisslos die notwendigen Schritte tun wird, um seine Herrscherallüren einzudämmen.

Schritt 6:
Die wahre Absicht zeigt sich in der Handlung

Wollen Sie gerne wissen, wo Sie stehen? Dann prüfen Sie vor sich selbst, vor den anderen und vor dem lebendigen Gott, ob Ihr Herrschaftsanspruch mit den Maßstäben der Bibel übereinstimmt.

- Welche Machtansprüche widersprechen den Geboten Gottes?
- Welche Umgangsstrategien vereinbaren sich nicht mit Gottes Willen?
- Welche Praktiken im Umgang mit Partner, Kindern und Mitarbeitern lassen sich mit Gottes Wort nicht vereinbaren?

Wenn Sie bereit sind, diese Strategien vor Gott zu bekennen, ins Gebet zu nehmen und mit der Arbeit zu beginnen, sind keine Willensanstrengungen mehr nötig, ein innerer Kampf ist überflüssig. Warum? Weil Sie »den guten Kampf des Glaubens« kämpfen, der ehrlich und aufrichtig ist, der keine Verkrampfung beinhaltet. Verkrampfungen zeigen, dass Sie nicht mit den Forderungen Gottes im Einklang stehen.

Ihre wirklichen Absichten sind an Ihrer Handlung ablesbar. Aus diesem Grund hat der Psychiater und Pädagoge Rudolf Dreikurs den wahren Satz geschrieben:

»*Die wahre Absicht zeigt sich in der Handlung. Wir sind immer fähig zu erkennen, was wir zu tun wünschen, wenn wir ansehen, was wir am Ende taten.*«

Ein entwaffnendes Wort.

Schauen Sie, was Sie tun! Und schauen Sie, was Sie getan haben.

KAPITEL 7

Zoff statt Zärtlichkeit – die Machtkampfehe

Partner, die verbissen miteinander kämpfen, versetzen ihrer Beziehung irgendwann den Todesstoß.

Machtkämpfe sind zwischenmenschliche Interaktionsmuster, die dazu dienen, sich zu behaupten. Machtkämpfe demonstrieren, dass die Kooperation gestört ist und die Kommunikation nicht mehr funktioniert. Partnerschaftliche Auseinandersetzungen werden *kriegsmäßig* aufgezogen. Kampfspiele und Kämpfe in der Ehe sind Formen der Auseinandersetzung. Jeder meint, durch Kriegsspiele besser zum Zuge zu kommen.

Machtkämpfe spiegeln den individuellen Lebensstil beider Partner wider. Sie haben die Methoden und Techniken eintrainiert, haben sich erfolgreich damit im früheren Familienleben behauptet und gedenken auch weiterhin, sich dieser Strategien zu bedienen.

Machtkampf oder Liebe als Krieg

Der Dichter Ovid war so sehr vom Kampfcharakter der Liebe überzeugt, dass er den Aphorismus formulierte: »Liebe ist ein Kriegszustand.«

Wie sehr Macht und Krieg in der partnerschaftlichen Liebe eine Rolle spielen, machen auch Ausdrücke deutlich, die wir tagtäglich benutzen. Ohne dass es uns bewusst ist, geben wir damit preis, wie wir uns Liebe und Beziehungen vorstellen.

Wir sagen:

- Die Frau muss *erobert* werden.
- Der Widerstand muss *gebrochen* werden.
- Mann oder Frau müssen *fertig gemacht* werden.
- Die Frau wird *umgelegt.*
- Mann oder Frau haben *kapituliert.*
- Wir müssen uns *verteidigen.*
- Du provozierst mich, dich *anzugreifen.*
- Er oder sie haben den Partner *kaputt gemacht.*
- Du willst immer nur *siegen.*
- Da ist jemand mit Pauken und Trompeten *untergegangen.*
- Er oder sie fühlen sich *überlegen, untergebuttert oder runtergemacht.*

Diese Ausdrücke – ich könnte die Liste noch mühelos erweitern – sind ein Spiegelbild von Kampf und Krieg, der im Eheleben stattfindet.

Machtkampf und Ehekrieg als »Spiel«

Der Begriff »Spiele« wurde von Eric Berne, einem amerikanischen Sozialpsychiater und Therapeuten, neu interpretiert. Er versteht unter Spielen *Ersatzformen* für Intimerlebnisse. Kampf und Krieg sind für ihn Fehlformen der zwischenmenschlichen Interaktion. Gleichzeitig geht er allerdings davon aus, dass diese Art Sozialkontakte einen *Nutzwert* haben und einen Gewinn für den Partner darstellen. Jeder verspricht sich einen Vorteil und zieht aus dem Kampfspiel, das er relativ unbewusst abwickelt, sein Kapital. Spiele haben also den Sinn, aus dem Schlagabtausch eine *Befriedigung* zu erzielen. Die Nutzeffekte und Befriedigungen können individuell verschieden sein.

Machen wir uns an einem simplen Beispiel den Nutzwert der Spiele klar. Frau Meyer versteht es meisterhaft, ihren Partner vor fremden Leuten bloßzustellen. Sie nimmt irgendeine Schwäche zum Anlass und sticht hemmungslos zu. Der Partner ist so getroffen und betroffen, dass er nur kraftlos schweigen kann. Der »Schuss hat gesessen!«, Frau Meyer hat ein Ziel erreicht.

Herr Meyer *rächt* sich nun auf seine Art. Er weiß, dass seine Frau liebend gern ausgiebig lange Spaziergänge mit ihm unternimmt. Sie möchte bei solchen Gelegenheiten den Partner für sich haben und mit ihm schwatzen. Herr Meyer pariert den »Schuss« seiner Partnerin. Wochenlang lässt er sie schmoren und hat keine Zeit mehr für gemeinsame Spaziergänge. Er flieht in Überstunden und Sitzungen, die er aufs Wochenende legt. Wir sehen: Er schlägt auf seine Weise zurück, weil er weiß, wie er den Partner verletzen kann.

Solche Kampfmethoden gibt es wie Sterne am Himmel. Herr Müller ist wütend auf seine Frau, weil sie schon seit acht Tagen den Knopf an seinem Mantel nicht angenäht hat. Morgens, als er das Haus verlässt, bittet ihn seine Frau, heute Abend besonders pünktlich zu sein, weil sie ein schönes Menü richten will. Natürlich kommt er abends zu spät. Sie empfängt ihn mit herunterhängenden Lippen an der Tür.

Sie: »Das Fleisch ist trocken, die Kruste zu hart und überhaupt schmeckt alles nicht mehr!«

Er: »Da siehst du, wie es ist, Liebling, wenn nicht alles so läuft, wie es der Mensch sich vorgestellt hat.«

Sie: »Schon vor unserer Hochzeit hätte ich einsehen müssen, dass du unzuverlässig und gemein bist. Sogar deine Mutter hat mich gewarnt, und das will was heißen!«

Er: »Und deine Mutter hat mir gesagt, dass du schwierig bist. Schau dir meinen Mantel an. Ich laufe herum, als hätte ich keine Frau zu Hause!«

Es versteht sich von selbst, dass der Abend gelaufen ist und jeder der beiden vor sich hinbrütet, wie er dem anderen seine Lieblosigkeit heimzahlen kann.

Vier Ziele des Kampfes

Der Mensch verfolgt im Zusammenleben und im ehelichen Umgang vier Ziele, wenn es problematisch wird.

Vom Nutzeffekt haben wir schon gehört. Der Nutzeffekt, das Ziel, der Zweck und die Absichten verlaufen selten bewusst. Immer aber sind es die vier Ziele, mit denen wir alle zwischenmenschlichen, sozial störenden Verhaltensweisen erklären können.

Um diese Ziele und Absichten zu identifizieren, müssen wir nach dem *Wozu* fragen.

- *Wozu* beleidige ich meinen Partner?
- *Wozu* möchte ich ihn in die Knie zwingen?
- *Wozu* benutzt Frau X dieses Spielarrangement?
- *Wozu* benutzt Herr X jenes Kampfmuster?
- *Wozu* demütigt einer den anderen?
- *Wozu* stellt einer den Partner bloß?

Warum-Fragen werden hiermit nicht überflüssig, nur hilft die kausale Betrachtungsweise nicht weiter. Wir finden unter Umständen kluge Erklärungen, aber für die Verbesserung der Beziehung ist dem Partner damit nicht geholfen. Die finale Betrachtungsweise dagegen lässt die Absichten aufleuchten, und die verborgenen Wünsche und geheimen Ziele kommen ans Licht. Der Partner versteht sein Gegenüber besser, wenn er seine Ziele erkannt hat, und kann dann seine Einstellung zu ihm verändern.

Die vier Ziele störenden Verhaltens lauten:

Ziel 1:
Entschuldigung für eigene Mängel

Das erste Ziel partnerschaftlichen Fehlverhaltens ist noch weitgehend harmlos, aber es kann bereits den Kampf andeuten, der sich jederzeit verschärfen kann.

Ein überzeugendes Beispiel hierfür liefert ein Waschzwangkranker. Er wäscht sich morgens drei bis vier Stunden, und wenn er abends nach Hause kommt, »vertrödelt« er seine Zeit mit Waschen, Anziehen und Reinlichkeitsritualen. Es ist seine Art, sich in der Familie gegen Frau und Kinder durchzusetzen. Ihm ist es auch egal, dass er als krank hingestellt wird. Die Zwangsstörung, die ihm vom Arzt bescheinigt wurde, ist für ihn eine plausible Entschuldigung für alle Mängel, die er heraufbeschwört. Spaziergänge fallen aus, Besuche bei Freunden, Bekannten und Verwandten finden nicht statt ... Der Mann hat eine Entschuldigung, er ist ja krank. Die Kinder müssen ständig den Vater entbehren, der überlastet ist und unter seiner Krankheit leidet. Dieser Mann boxt sich auf seine Weise durch, in seinem Zwang ist er stark und unbesiegbar.

Diese Lebenslüge und Rechtfertigung finden wir überall im zwischenmenschlichen Umgang. Wir leben von Ausreden und erfinden immer wieder neue Ausflüchte. Nicht umsonst hat Manés Sperber, der Literatur-Nobelpreisträger, diese Menschen *Nisiten* genannt, abgeleitet vom lateinischen Wort *nisi,* das »wenn nicht« bedeutet.

- *Wenn* das Wetter *nicht* so heiß gewesen wäre, hätte ich die Wäsche geschafft.
- *Wenn* die Kinder mich *nicht* ständig mit ihren Schularbeiten gestört hätten, könnte ich heute Abend mit dir ausgehen.
- *Wenn* diese schreckliche Migräne *nicht* gewesen wäre, hätten wir uns einen schönen, romantischen Abend gemacht.

Ein anderes Mittel und zugkräftiges Arrangement, um sich vor Aufgaben zu drücken und eigene Mängel zu vertuschen, ist die Angst. Angst ist nicht nur ein Gefühl, Angst ist auch ein Verhaltensmuster. Sie wird benutzt, sie wird in Dienst gestellt.

Angst wird produziert,

- um langsamer zu treten,
- um vor Aufgaben zu fliehen,
- um vor Schwierigkeiten auszuweichen,
- um den Partner anzubinden
- und um Aufmerksamkeit zu erregen.

Der letzte Gedanke leitet schon zum Ziel 2 über.

Ziel 2:
Aufmerksamkeit erregen

Partner, die es nötig haben, verstehen es, sich gemäß ihres Lebensstils Aufmerksamkeit zu verschaffen. Kinder und Erwachsene sind höchst erfinderisch, wenn es darum geht, sich in den Mittelpunkt zu spielen. Aufmerksamkeit zu erregen ist ein subtiles Mittel, Macht auszuüben.

Eine Form der Aufmerksamkeitserregung ist die Dramatisierung kleiner Wehwehchen. Kleine Problemchen werden aufgebauscht und herausgestellt. Die Dramatisierung verfolgt eindeutige Ziele: Der andere soll sich intensiv und ernsthaft um den Partner bemühen.

Die unterschiedlichsten Machenschaften können dazu dienen, den Partner einzuwickeln und sich seiner zu bemächtigen.

Tränen und Klagen, Weinkrämpfe und Panikattacken, Herzschmerzen und Kopfschmerzen sind gezähmte Kampfmethoden, die in der Regel nicht verstärkt werden, wenn sie Erfolg versprechen. Sie können allerdings aggressiv gesteigert werden, wenn der Partner nicht spurt.

Ein anderer Aufmerksamkeitserreger ist die *Eifersucht.* Sie ist ein ausgezeichnetes Kampfmuster und ein probates Mittel, um den Partner in Schach zu halten. Eifersucht ist mehr als eine hässliche Eigenschaft, sie ist auch ein aggressives Verhaltensmuster, um den Partner um sich drehen zu lassen.

Herr W. benutzt die Eifersucht wie ein Dompteur in der Arena seine Peitsche. Er knallt damit und seine liebe Frau zuckt schuldbewusst zusammen. Sie sieht gut aus, ist acht Jahre jünger als ihr Mann und darf keinen Blick riskieren, wenn sie mit ihrem Mann durch die Straßen der Stadt geht. Restaurants, Discos und Konzerte sind ihr sowieso von ihm verboten worden. Sie könnte ja einem wildfremden Mann einen heißen Blick zuwerfen. Herr W. ist unaufhörlich damit beschäftigt, seine Frau zu kontrollieren, sie zu beobachten, ihre Gesichtszüge zu enträtseln und sogar ihre Gedanken zu lesen. Mit seiner krankhaften Eifersucht erzwingt er ihre Aufmerksamkeit. Er umgibt sie wie ein Wachhund und benutzt die Eifersucht dazu, grenzenlose Aufmerksamkeit zu bekommen.

Eifersucht ist also ein verkapptes Machtstreben und ein schäbiges Kampfspiel.

Ziel 3:
Überlegenheit gewinnen

Frau M. und Herr M. sind in Urlaub, sie haben sich die Berge als Ziel ausgesucht. Gerade haben sie gefrühstückt und wollen nun den »Hausberg« besteigen.

Sie: »Ob wir um die Mittagszeit oben sind?«

Er: »Früher! In 2 Stunden haben wir den kleinen Berg geschafft.«

Sie: »Klein? Weißt du, wie hoch er ist?«

Er: »Natürlich weiß ich das. 1400 Meter.«

Sie: »Nein, es sind genau 1448 Meter!«

Er: »Das steht in deinem Prospekt. Wenn wir zehn Prospekte durchblättern würden, bekämen wir zehn verschiedene Höhenangaben.«

Sie: »Nein, das stimmt nicht. Die Angaben sind überall gleich. Man muss sich doch auf die Höhenangaben verlassen können.«

Er: »Du mit deiner weiblichen Logik! Schön wär's, wenn man sich darauf verlassen könnte. Man kann es aber nicht.«

Sie: »Woher weißt du das?«

Er: »Ich weiß es eben.«

Ein typisches Gespräch, das den Kampf um die Überlegenheit beider Partner demonstriert. Sie kämpfen miteinander. Einer beweist dem anderen, dass er ein besseres Gedächtnis, eine schärfere Zeiteinteilung, eine gründlichere Logik und ein treffenderes Argument hat.

Wozu führt ein solches unsinniges Gespräch? Antwort: Einer versucht dem anderen seine Überlegenheit zu beweisen. Jeder muss das letzte Wort behalten, keiner gibt sich dem anderen geschlagen. Keiner gibt nach und beendet das rechthaberische Geschwätz.

Dann gibt es noch die *moralische* Überlegenheit. Einer setzt den anderen ständig ins Unrecht. Er muss sauberer, gründlicher, ernster und gewissenhafter sein als der andere.

Selbst unter Christen wird unbewusst die moralische Überlegenheit ausgespielt. Ein Beispiel: Mann und Frau besuchen die Bibelstunde ihrer Gemeinde. Auf dem Nachhauseweg kommen beide ins Gespräch.

Sie: »Ich habe den Eindruck, der Pfarrer hat das Kapitel nicht gründlich genug behandelt. Über die Verse 6 bis 10 ist er einfach husch husch hinweggegangen.«

Er: »Ich fand, dass er die große Linie aber gut herausgearbeitet hat. Schließlich kommt es doch auf den Gesamteindruck und den roten Faden an.«

Sie: »Das passt zu deinem Denken! Du bist und bleibst ein oberflächlicher Typ. Tiefer auf einen biblischen Text einzugehen, das liegt dir nicht. Na ja, du fliegst sowieso auf vielen Gebieten einfach so über die Dinge hinweg.«

Er: »Du bist vielleicht ein Pingel, ein Perfektionist und ein Erbsenzähler. Meine Güte, mit was bin ich verheiratet!«

Die Frau ist ein gründlicher Mensch. Sie nimmt alles sehr genau, Großzügigkeit ist ihr verhasst. Gewissenhaft prüft sie jede Null hinter dem Komma. Der Mann dagegen rundet auf, denkt in der Tat oberflächlicher und lässt ab und zu fünfe gerade sein. Sie glaubt, mit ihrer ethischen Präzision dem Willen Gottes besser gerecht zu werden.

Beide sind Christen, und doch führen sie eine zutiefst unglückliche Ehe. Beide machen sich Vorwürfe, beide kritisieren sich, beide leiden aneinander.

Andere Symptome, die auf Überlegenheit oder Unterlegenheit hinweisen, sind Frigidität und Impotenz.

Da ist ein Mann, der von seiner Mutter während der gesamten Kindheit klein gehalten und unterdrückt wurde. Später heiratet er eine Frau, die im Wesen seiner Mutter entspricht. Also wiederholen sich die Umgangsmuster. In der Ehe wird er zum sexuellen Versager. Seine Unterlegenheit, seine Impotenz machen ihm zu schaffen.

Eine Frau kann mit Frigidität reagieren. Sie hatte eine Mutter, die in ihr eine »Vaterangst« aufgebaut hat. Sie heiratet einen Mann, vor dem sie sich fürchtet. Ihre irreale Angst lässt sie frigide werden.

Frigidität kann allerdings auch als Waffe benutzt werden. Viele Frauen benutzen sie, um sich vor den sexuellen Ansprüchen ihres Mannes zu schützen. Das Bett wird zum »Nebenkriegsschauplatz«. Das eigentliche Problem der beiden sind vermutlich Macht- und Überlegenheitsansprüche. Jeder benutzt seine Kampfmethoden, um den Partner zu zwingen.

Ziel 4: Vergeltung und Rache

Wenn der eheliche Machtkampf seine kritische Phase erreicht hat, geht der Kampf schnell in Rache über. Das Spiel »frigide Frau«, wie es Eric Berne in einem seiner Bücher schildert, verrät bereits starke Züge der Vergeltung. Der Mann macht zärtliche Annäherungen und wird abgewiesen. Sie wirft ihm vor, dass sich alle Männer wie Tiere benehmen würden. Er liebe sie in Wirklichkeit nicht und sei nur am Sex interessiert. Der Mann hält sich also zurück, die Frau aber läuft in zunehmendem Maße zwanglos und halb bekleidet vor ihm herum. Sie reizt ihn und lässt ihn gleichzeitig abblitzen. Er hat sie mit einer anderen Frau betrogen, und jetzt zahlt sie ihm alles heim! Aber das Kampfspiel geht weiter. Er reicht die Scheidung ein, und jetzt werden die Machtkämpfe erst recht entfaltet, und zwar vor Gericht.

Eine gefährliche Form der Vergeltung ist der Selbstmord eines Partners. Der vollzogene Suizid ist die schärfste Form der Rache. Der Partner soll einen Denkzettel bekommen, der ihn Zeit seines Lebens beschäftigen wird. Unzufriedenheit und Verzweiflung haben hier einen solchen Grad erreicht, dass diese Waffe als einzig geeignete erscheint.

Rache treibt die kuriosesten Blüten. Ein Mann, der seine Frau verlassen hat und mit seiner Freundin zusammenlebt, wird systematisch von seiner Noch-Ehefrau gequält. Die Freundin erhält Briefe, in denen der Mann beschimpft, verdächtigt und schlecht gemacht wird. Der Arbeitgeber erhält eingeschriebene Briefe mit niederträchtigen Beschuldigungen. Die eigenen Kinder werden systematisch über den »Schuft« aufgeklärt. Die Frau macht in kürzester Zeit hohe Schulden, für die der Mann aufkommen muss. Eines Tages steckt sie seinen Wagen in Brand, der gerade vor ihrer Tür parkt. Als der Mann die Polizei ruft, stürzt sie auf die Straße und schreit das ganze Wohnviertel zusammen. Ihr ist alles gleich, Hauptsache, sie hat ihm

Schaden zugefügt. Die Frau landet in einer Nervenheilanstalt, die sie nach einigen Monaten wieder verlässt, nachdem ihr ein guter Rechtsanwalt eine Kurzschlusshandlung mit situativer Unzurechnungsfähigkeit bescheinigt hat.

Die Depression als Kampfarrangement

Eine Krankheit, die unbewusst als Kampfmethode benutzt werden kann, ist die Depression. Es stimmt wahrscheinlich, dass es keine seelische Störung gibt, unter der die Umgebung mehr leidet.

Der Depressive zeigt in der Regel eine starke Anhänglichkeit und Abhängigkeit und benutzt diese Eigenart, um den Partner in seinen Dienst zu stellen. Der Lebenspartner ist eingeengt, wird mithilfe des Leidens angebunden und im Haus festgehalten. Er muss sich um den Partner kümmern und wird – ehe er sich versieht – auf das Karussell des Depressiven, das sich leider nur allzu gern um sich selbst dreht, hinaufgezogen. Ob er will oder nicht, er dreht sich im Kreise und wird gewaltsam mithilfe der Krankheit festgehalten.

Depressive zeigen eine geringe Selbstachtung und demonstrieren einen unbändigen Liebeshunger. Von daher können sie auf der einen Seite bequem sein, auf der anderen aber mit Riesenerwartungen und Riesenansprüchen an die Welt herangehen. Im Moment verhalten sie sich klein, hilflos, misserfolgsorientiert, leiden an ihrer Winzigkeit, einen Augenblick später aber zeigen sie die Zähne. Sie verstehen es, zu klagen und anzuklagen. Viele depressive Menschen lernen, ihre Verstimmungen als Waffe im zwischenmenschlichen Umgang zu benutzen.

Ein wichtiger Charakterzug des Depressiven ist der Trotz. Wenn man in liebloser Atmosphäre aufgewachsen ist, lernt man zu »bocken«. Der Trotz ist die Stärke des Schwachen.

Halten wir fest: Die depressive Persönlichkeit kämpft und zieht alle Register, wenn sie vom geliebten Partner im Stich gelassen wird.

Die Macht der Familiengeheimnisse

In einem Buch der namhaften amerikanischen Familientherapeutin Evan Imber-Black habe ich gelesen, dass die ehemalige amerikanische Außenministerin Madeleine Albright erst 1997 erfuhr, dass sie das Kind jüdischer Eltern ist, die während des Zweiten Weltkrieges zum katholischen Glauben übertraten. Dieses lange verborgene Geheimnis schlug in Amerika ein wie eine Bombe. Ihre tschechischen jüdischen Großeltern starben damals im Konzentrationslager. Madeleine Albright wuchs auf, ohne etwas von ihrer jüdischen Herkunft zu ahnen.

Das Interesse an ihrer Geschichte war enorm. Viele Menschen fragten sich: »Wie ist es möglich, dass ein Mensch von solch einem Geheimnis nichts weiß?«

Evan Imber-Black kommentiert das Ereignis folgendermaßen:

»Ich fing an, mir über die Familie Gedanken zu machen. Ihre Eltern mussten einen lückenlosen Roman ersonnen haben, der auch Kindheitserinnerungen an Weihnachtsabende einschloss. Über ihre Großeltern ließ man verlauten, dass sie während des Krieges gestorben seien. Wie viele andere Kinder, mit denen ich in der Familientherapie gearbeitet habe, lebte auch Madeleine Albright mit einem übermächtigen Widerspruch, zu dem die in der Familie geltende ›Regel‹ gehörte, keine Fragen zu stellen, ganz in der Gegenwart zu leben und den liebevollen Eltern Glauben zu schenken.«[1]

Geheimnisse in der Familie üben eine große Macht aus. Abtreibung, Adoption, Alkoholismus, sexueller Missbrauch, Selbstmord oder eine dunkle politische Vergangenheit können solche Geheimnisse sein. Sie basieren auf einem komplizierten Geflecht von Motiven und Emotionen und prägen oft über Generationen hinweg die Beziehungen.

Familiengeheimnisse werden sorgfältig gehütet, weil jeder – zu Recht – fürchtet,

- die Unterstützung der Familie,
- den Arbeitsplatz,
- die Wohnung,
- den Studienplatz oder
- eine Freundschaft zu verlieren.

Es gibt Geheimnisse, die der Schwache vor dem Mächtigen verbirgt, um sich zu schützen. Und es gibt Geheimnisse, mit deren Hilfe der Tyrann die Entrechteten unter seine Gewalt bringt.

Ich habe in meiner Beratungspraxis eine Familie kennen gelernt, in der die zweite Tochter den Vater erpresste, weil dieser jahrelang die älteste Schwester sexuell missbraucht hatte. Der Vater hatte seine älteste Tochter durch Todesandrohungen dazu gebracht, zu schweigen. Die jüngere Tochter hatte den Missbrauch oft beobachtet, hatte aber – ebenfalls aus Angst – geschwiegen und mit niemandem darüber geredet. Als sie einige Jahre älter geworden war, rächte sie sich am Vater, der ihr monatlich 200 Euro zahlen musste. Die jüngere Tochter war Mutters Lieblingskind. Der Vater behandelte seine Frau wie einen »Fußabtreter«, das Lieblingskind der Mutter zahlte es ihm heim.

Durch Geheimnisse lernen die Kinder, dass Wissen im Miteinander der Familie unzulässige Macht verleihen kann. Eltern sind oft erstaunt über die Machenschaften und Manipulationen unter Geschwistern, wenn es um Geheimnisse geht. Heimliche Drohungen können zur »Geschwisterfolter« führen.

Da hat der älteste Bruder seine jüngere Schwester bei der

Selbstbefriedigung ertappt. Die Eltern sind bewusste Christen, deuten die Maßstäbe der Bibel sehr eng und reagieren bei kleinsten Verstößen mit Strafe. Der Bruder zwingt seine Schwester zum Geschlechtsverkehr, andernfalls will er den Eltern das Geheimnis preisgeben. Durch Seelsorge und Beratung wurde das 16-jährige Mädchen ermutigt, sich dem Bruder sexuell zu verweigern. Er könne den Eltern ruhig das »Vergehen« erzählen, denn dann wäre die Schwester auch gezwungen, den Inzest an ihr preiszugeben. Der Bruder rührte seine jüngere Schwester nie wieder an.

Familiengeheimnisse sind eine Kraft, die das Zusammenleben blockieren können. Sie sind ein gefährlicher Spaltpilz, der zum Machtmissbrauch führt.

- Viele Kinder und Jugendliche lassen sich einschüchtern, Geheimnisse für sich zu behalten.
- Kindesmisshandlung und sexueller Missbrauch werden häufig verschwiegen, weil Erwachsene ihre große Macht über Kinder ausnutzen.
- Wenn Kinder Geheimnisse verbergen, wollen sie den Täter schützen. Liebe und Hass, Zärtlichkeit und Gewalt, Loyalität und Unzuverlässigkeit, Schutz und Unrecht sind oft miteinander verwoben.
- Viele Eltern nehmen sich vor, dem Kind Geheimnisse um die Adoption oder die Elternschaft zu eröffnen, wenn es ein bestimmtes Alter erreicht hat. Doch oft verstreicht dann der vorgesehene Zeitraum, ohne dass es zu einem entscheidenden Gespräch kommt. Da es immer schwerer wird, das Geheimnis offen zu legen, gewinnt es übergroße Dimensionen. Wird der Zeitpunkt verpasst, kann es zu schweren Konflikten in der Eltern-Kind-Beziehung kommen.

Kampf um die Kinder

Machtkampf in der Ehe kann auch Kampf um die Kinder bedeuten. Viele Ehekonflikte entstehen durch eine falsche Ehe- und Familienauffassung. Unbestritten ist die Ehe die Achse, um die sich alle Beziehungen in der gesamten Familie drehen. Ist diese Achse in Ordnung, gibt es weniger Probleme. Ist die Achse aber gestört, kann ein Tauziehen um die Kinder beginnen.

Wie können sich solche Schwierigkeiten auswachsen?

- *Die Kinder werden zum Partnerersatz.* In erster Linie kommt es bei Frauen vor, dass sie den Ehepartner vermissen und aus diesem Grund ihre Kinder mehr für sich beanspruchen, als es gut ist. Liebe, Zuwendung und der Austausch von Gedanken, die in erster Linie mit dem Ehepartner gepflegt werden sollen, erwarten sie nun von den Kindern. Damit sind einige Fehler verbunden, die sich negativ in der Sozialisation bemerkbar machen. Die Kinder werden überfordert und mit Gedanken belastet, die für das kindliche Gemüt nicht zuträglich sind.
- *Die Kinder werden überbeschützt.* Ungewollt werden die Kinder hier von der Mutter manipuliert. Eine zu große Überbeschützung macht unselbstständig. Schwierigkeiten werden aus dem Wege geräumt, die Mutter denkt für ihre Kinder und entmündigt sie. An die verschiedenen Lebensaufgaben gehen die Kinder nur zögernd heran, denn sie finden in der Mutter immer einen tüchtigen Beistand, der willig die Probleme löst und ihren Nachwuchs von sich abhängig macht. Die Kinder entwickeln Lebensangst und trauen sich selbst an leichte Aufgaben nicht mehr heran. Ihre Entscheidungsfähigkeit bleibt unterentwickelt. Sie werden klein gehalten und fühlen sich später immer noch klein. Sie werden nicht erwachsen, weil sie nicht wie Erwachsene behandelt wurden.

- *Die Kinder werden zu Komplizen.* In der Familienberatung kommen, wenn es um Komplikationen in der Ehe geht, in der Regel Komplizenschaften ans Tageslicht. Die Mutter paktiert mit einem Kind oder sogar mit allen. Der Vater bemüht sich, ein Kind oder mehrere auf seine Seite zu ziehen. Jeder Ehepartner setzt seine Möglichkeiten ein, um die Kinder für sich zu gewinnen. Der Mutter gelingt das mit Zeit, Zuwendung und Nachgiebigkeit, der Vater löst Probleme mit Geld. Er besticht die Kinder oder kauft sie sich.

Eine andere Gefahr, die aus der Komplizenschaft der Eltern mit ihren Kindern erwächst, ist eine Parteienwirtschaft in der Familie. Die »Vater-Partei« kämpft gegen die »Mutter-Partei«, die »Mutter-Anhänger« gegen die »Vater-Anhänger«. Es wird fleißig denunziert und immer neue Auseinandersetzungen werden produziert. Werden diese Kinder erwachsen und heiraten, werden die familiären Kampfmuster auch in die neuen Beziehungen transportiert.

- *Die Kinder werden zur Erpressung verführt.* Die Kinder nutzen den Familienkrieg und schlagen auf ihre Weise Kapital aus dem Kampf. Vielleicht haben sie sich solche erpresserischen Methoden sogar von den Eltern abgeschaut. Sie haben erlebt, wie die sich gegenseitig unter Druck setzten, und da der Apfel bekanntlich nicht weit vom Stamm fällt, sind die Kinder gelehrige Schüler. Ein Kind erzählt dem Vater, was die Mutter heimlich gekauft hat, ein anderes berichtet der Mutter brühwarm, was der Vater wieder angestellt hat. Oder ein Kind geht hin und verlangt einen Preis dafür, dass es schweigt, um irgendeine Schwäche des Elternteils zu vertuschen. Kinder spielen ein Elternteil gegen das andere aus. Diese Machtmuster übertragen sie ins spätere Eheleben. So kommt es von einer Generation in die nächste zu Kampfehen.

Die übertriebene Beschäftigung der Mutter mit den Kindern hat gleichzeitig eine Vernachlässigung des Mannes zur Folge. Der Mann beantwortet die Aktion seiner Frau mit einer Gegenaktion – nämlich mit Flucht. Dass die Vereinnahmung des Kindes als Kampf verstanden wird, zeigt sich in solch einer Gegenreaktion. Seine Flucht in den Beruf, seine Flucht in Überstunden, in Sonderaufgaben und Nebenaufgaben demonstrieren, dass er auf seine Weise kämpft und sich auf seine Weise rächt. Es gibt Männer, die Tätigkeiten aufnehmen, bei denen sie tagelang von zu Hause weg sein müssen, oder die dringend eine Zweitwohnung benötigen, um sich beruflich besser entfalten zu können. Selbstverständlich gibt es zwingende Gründe und Umstände, aber oft sind sie eben willkommene Ausflüchte. Der Ruf ins Ausland oder in den Außendienst wird als verlockende Aufgabe verstanden. Der Ehekampf aber wird auf diese Weise nicht beigelegt.

Wie können Eheleute den Machtkampf beenden?

Es gibt Kampfspiele und Kampfmethoden, die beide Partner in eigener Regie beenden können, während andere so schwer und tief greifend sind, dass sie nur mithilfe Dritter, also unter fachkundlicher Anleitung, behoben werden können.

Hilfe 1:
Streiten Sie bewusst!
Unter den Kampfmethoden nimmt das abendliche Streiten oder die hässliche Auseinandersetzung am Wochenende einen breiten Raum ein. Gestritten wird um alles und um nichts.

Frau Wegener ist ein lebhafter Typ. Ihre Blicke funkeln. Sie spricht mit Augen, Lippen, Mund und Händen. Sie braucht den ständigen Austausch mit ihrem Partner. Sie denkt laut und klärt die Dinge gleich beim Reden. Langes Nachdenken fällt ihr schwer.

Herr Wegener dagegen ist ein stiller, in sich gekehrter Mensch. Er will seine Ruhe und wird erst laut, wenn die Gattin den Frieden seiner Seele stört. Und das geschieht – wie gesagt – täglich. Am liebsten verkriecht er sich hinter einer Zeitung.

Frau Wegener beschwert sich, dass er so schweigsam hinter seiner Zeitung sitzt und ihrer Meinung nach lautlos vor sich hinbrütet. Sie fragt, erzählt und wird böse, wenn er keinen Ton erwidert.

Jeden Abend aber kommt der Zeitpunkt, wo die Ruhe vorbei ist, denn dann schreit er los, und beide fallen mit Worten übereinander her.

Hören wir nun beim Beratungsgespräch zu:

Sie: »Er hört nur mit halbem Ohr zu!«

Ich: »Und was sollte er tun?«

Sie: »Er soll die Zeitung weglegen und nur für mich da sein.«

Ich gebe dem Ehepaar Wegener Folgendes auf: »Acht Tage lang, bis zum nächsten Gespräch, nehmen Sie sich vor, es genauso wie bisher zu machen. Sie, Frau Wegener, sprechen mit ihm und er liest Zeitung.« An Herrn Wegener gewandt: »Sie lassen sich nicht beeindrucken und lesen weiter. Sie werden sich sagen: ›Verdammt noch mal, sie lässt mir keine Ruhe, dabei will ich nur lesen!‹« Ich wende mich wieder an Frau Wegener: »Sie als Ehegattin werden ihm eine Szene hinlegen, die sich gewaschen hat. Sie werden ihn ankeifen, dass ihm Hören und Sehen vergeht. Sie werden sich ganz gezielt vornehmen, ihm die Leviten zu lesen. Ihr Mann wird alle Register ziehen und Ihnen antworten.«

Es handelt sich hierbei um eine therapeutische Technik,

die als *paradoxe Intention* oder als *Antisuggestion* in die Therapiegeschichte eingegangen ist.

Der Erfolg:

- Beide entdecken, dass aus dem Machtkampf ein liebenswürdiges Spiel wird.
- Beide erfahren, das gezieltes und beabsichtigtes Streiten nicht funktioniert und sie eher zum Lachen als zum Kämpfen bringt.
- Beide unterlaufen ein kämpferisches Interaktionsspiel und werden von ihren bisherigen Wortgefechten abgelenkt.

Nicht jeder versteht dieses – an sich gut funktionierende – Spiel. Dann bleiben andere Möglichkeiten, um den Kampf zu beenden.

Hilfe 2:
Jeder ist für den Machtkampf verantwortlich

Machtkämpfe in der Ehe werden durch den Irrglauben gefördert, dass das überwiegend menschliche Elend durch äußere Umstände oder durch den Lebenspartner verursacht wird.

Eigentlich ist es eine völlig unbegründete Annahme, dass das menschliche Unglück durch die Umwelt oder andere Menschen entsteht. Beinahe das gesamte menschliche Unglück ist selbst verschuldet und resultiert aus lächerlichen Annahmen. Ist ein verheirateter Mensch jedoch davon überzeugt, dass sein eigenes Unglück die Ursachen nicht bei sich selbst hat, gibt er unweigerlich seinem Partner und dessen Verhalten die Schuld an seiner eigenen Misere.

Der Machtkampf hat begonnen. Wenn der Ehepartner die ressentimentgeladenen Angriffe mit gleicher Münze heimzahlt, ist bald der schönste Machtkampf im Gange.

Zum Kampf gehören zwei. Einer, der sich irrige Ansichten

über seinen Partner zu Eigen gemacht hat, und ein zweiter, der darauf reinfällt und mit ebensolchen unsinnigen Antworten pariert.

Unsinnig sind aber alle selbst verschuldeten Partneranklagen, die automatisch vom anderen Ehegatten gekontert werden. Unangebrachte Anschuldigungen und hässliche Antworten ergeben gerade den zerstörerischen Machtkampf.

Was können die Partner in solch einem Fall tun?

Möglichkeit 1:
Meine Einstellung entscheidet über den Kampf

Leidet ein Ehepartner unter der zwanghaften Einbildung, die andere Ehehälfte sei an allem schuld, muss der Partner nicht wie ein gereizter Stier auf die Anschuldigungen reagieren. Er muss vielmehr lernen, dass es nicht möglich ist, durch Worte, Gesten und Beleidigungen Schaden zu erleiden, *wenn er nicht will*.

Noch mal: Es sind niemals die Worte und Gesten anderer, die uns Schaden zufügen, sondern unsere eigene Einstellung, unsere subjektive Bewertung, unsere persönliche Stellungnahme. Folgerichtig bringt uns nicht die Beleidigung an sich aus dem Gleichgewicht, sondern unsere Interpretation derselben. *Wir* haben es in der Hand, wie wir auf Vorwürfe, Anklagen und Gemeinheiten reagieren wollen. Die *falsche* Reaktion lautet: »Es regt mich auf, was mein Partner mir ins Gesicht geschleudert hat! Ich habe das Gefühl, ich werde wahnsinnig!«

Möglichkeit 2:
Meine Wutgefühle produziere ich selbst

Die *richtige* Reaktion kann lauten: »Ich rege mich auf, weil ich *mir einrede*, dass es schrecklich und unerträglich ist, was mein Partner mir an den Kopf geworfen hat. Ich überlege mir, ob ich nicht wahnsinnig werden muss, um dem Schlag wirkungsvoll zu begegnen!«

- *Ich* bin selbst für meine Emotionen verantwortlich.
- *Ich* entscheide, ob ich den Angriff bis unter die Haut gehen lasse.
- *Ich* habe den Grad der Erregung in der Hand, den ich produziere.
- *Ich* ziehe die Register, um den anderen zu beleidigen.

Die Emotionen entsprechen meinen Zielen. Die Gefühle sind Werkzeuge unseres Lebensstils und unserer unverstandenen Zielsetzung.

Wer die Absicht hat, auf Vorwürfe beleidigt zu reagieren, wird die entsprechenden Gefühle produzieren:

- Er wird sich ärgern,
- er wird sich erregen,
- er wird in Wut geraten,
- er wird die Stimme erheben und losbrüllen,
- er wird die Fäuste ballen und notfalls in Betrieb nehmen.

Er selbst – und niemand anderes – entscheidet über seine Möglichkeiten, über seine Gefühle und seine Reaktionen.

Möglichkeit 3:
Ich bin allein für meine Reaktionen verantwortlich

Wie verhält sich der Ehepartner, der fertig gemacht wird? Oder genauer gesagt: Wie reagiert der Partner, der *glaubt*, fertig gemacht zu werden? Menschlich ist, auf einen Schlag mit einem Gegenschlag zu antworten. Die Frau lässt ein Bombardement von Demütigungen los, die seine Männlichkeit im Kern berühren. Dass er nun zurückschlägt, ist verständlich, dass er damit allerdings den Kampf nur verstärkt, ist ebenfalls gewiss.

Gegenschläge sind das falsche Argument. Negative Reaktionen bewähren sich nicht. Will der Ehemann seiner Frau wirklich helfen,

- kann er zunächst einmal mit ihrem Fehlverhalten rechnen,
- muss er sich nicht mehr in Wut hineinsteigern,
- muss er ihr nicht wochenlang mit Ärger und Unzufriedenheit begegnen,
- kann er ihr mit Wärme und Freundlichkeit begegnen und ihr damit Gelegenheit geben, ihre eigenen Probleme zu lösen. Eine Frau, die es nötig hat, ihren Ehegatten fertig zu machen, ist offensichtlich selbst unglücklich.

Hilfreich ist es, etwa so zu reagieren: »Ich spüre, du bist unglaublich wütend auf mich. Du sagst mir zwei Wünsche, die ich dir erfüllen werde, und ich sage dir zwei Wünsche, die du mir erfüllen kannst.«

Oder: »Ich spüre deine Enttäuschung. Bisher habe ich sie nicht ernst genommen und du bist immer anklagender geworden. Lass uns über die Probleme gründlich reden.«

Der eine nimmt die Vorwürfe ernst und fegt sie nicht vom Tisch. Denn der andere hat subjektiv immer Recht. Er fühlt so, und darum müssen wir ihn ernst nehmen. Wer die Gefühle, Vorwürfe und Anklagen nicht hört, verachtet im Prinzip seinen Partner.

Möglichkeit 4:
Diskussionen sind Streitgespräche, sie verhindern die Lösung

Streitgespräche kann man im Fernsehen führen. Mehrere Partner diskutieren kontrovers und der Zuschauer bildet sich dann sein Urteil. In der Ehe geht das nicht, die Ehe ist kein Diskutierklub.

Es gibt einige Dinge, die beide Ehepartner in einem zu führenden Gespräch beachten sollten:

- Keine Verteidigung, keine Rechtfertigung, keine Ausrede!
- Jeder nimmt das ernst, was der andere sagt.
- Erlaubte Reaktion: »Aha, so siehst du das!« Oder: »Ich will hören, wie du unsere Beziehung siehst.«
- Folgerung: »Was können wir beide tun, um aus diesem Dilemma herauszukommen?«

Wer so reagiert, unterbindet alle Rechtfertigungen, die lediglich zu neuen Konflikten führen. Wer die Frage zuerst stellt, macht den Weg frei für Lösungen, die beide befriedigen.

Hilfe 3:
Entwickeln Sie gleiche Interessen!
Machtkämpfe und eheliche Auseinandersetzungen sind unter anderem auf den Mangel an gleichen Interessen zurückzuführen. Die Ziele der Partner laufen kontrovers und auch ihre Liebeswege gehen auseinander.

Wenn ich bei Seminaren nach den Kriterien für eine dauerhafte Freundschaft frage, werden mir von Jugendlichen immer wieder »gleiche Interessen« genannt. Das gilt sogar für allgemeine Freundschaften unter Jugendlichen, nicht nur für Paarbeziehungen. Kinder befreunden sich, die intensiv am Segelflug, am Sport, an Chormusik, am Tanz, an bestimmter Musik, an Glaubensfragen, an Jugendarbeit und vielem anderen interessiert sind. Das gemeinsame Ziel lockt und fesselt sie.

Es ist unverkennbar, dass auch die eheliche Gemeinschaft durch gemeinsame Interessen gestärkt wird. Gegensätzliche Lebensanschauungen, auseinander klaffende Wünsche und unterschiedliche, gegensätzliche Empfindungen lassen wenig Raum für Übereinstimmungen. Natürlich müssen nicht beide denselben Beruf haben, um gemeinsame Interessen zu produzieren. Aber es gibt doch sehr viele Möglichkeiten, die verbinden.

Beispiele:

- Der gemeinsame Garten,
- beide sind eifrige Theaterbesucher,
- beide verreisen gern und interessieren sich für Kirchen, Kunst und Altertümer,
- beide sind Tierliebhaber und schwärmen für Katzen, Hunde oder Vögel,
- beide sind gute Schachspieler,
- beide singen gern im Chor,
- beide gehören einem Literaturkreis an.

Andere verfolgen gemeinsam politische oder karitative Ziele. Ich kenne viele Paare, die sich im kirchlichen Bereich betätigen. Beide sind in der Gemeindearbeit aktiv, haben Leitungsfunktionen und können gemeinsam beten. Aufgaben schweißen zusammen und Schwierigkeiten, die beide vor Gott ausbreiten können, festigen das Liebesband.

Hilfe Nr. 4:
Aktives Zuhören vermeidet Machtkämpfe

Die Bücher von Allan und Barbara Pease sind Stammgäste auf den internationalen Bestsellerlisten. Eines hat den Titel: »Warum Männer nicht zuhören und Frauen schlecht einparken können«.[2] Beide gehen davon aus, dass Männer und Frauen verschiedene Gehirne haben und evolutionsbiologisch völlig unterschiedliche Wege gegangen sind.

Sie haben Recht, Männer können in der Tat schlecht zuhören. Für Bagatellgespräche haben sie keinen Sinn, sie hören mit einem anderen Ohr als Frauen und bieten Lösungen an, die gar nicht gefragt sind. Und schon geraten beide in einen Machtkampf.

Wie können Sie aktives Zuhören lernen?

Hinweis 1:
Annahme ist das A und O

Paulus gibt uns für eine effektive Gesprächsführung einen guten Tipp: »*Nehmt einander an, wie Christus euch angenommen hat!*« (Römer 15,7)

Ich nehme den anderen so an, wie er *ist*, nicht wie er *sein sollte*. Dieses Annehmen können wir von Jesus lernen. Er sagt ja zu uns, ohne irgendwelche Bedingungen. Wer den anderen andauernd verändern will, liebt ihn nicht, genauso wenig wie der, der ständig an ihm herummeckert.

Nichtannahme beinhaltet:

- Ich bewerte,
- ich moralisiere,
- ich urteile,
- ich kommandiere,
- ich übe Kritik,
- ich korrigiere,
- ich predige,
- ich höre nicht zu.

Männer und auch Frauen kommen in der Ehe ständig mit Gegenargumenten oder mit Rechtfertigungen. Von Zuhören kann da keine Rede sein.

Hinweis 2:
Ich will mich in den anderen einfühlen

Aktives Zuhören beinhaltet: Ich will den anderen verstehen, ich will mich in die Meinung des anderen einfühlen können. Was geht in *seinem* Inneren vor? Was in *meinem* vorgeht, weiß ich ja. Aber *meine* Urteile, *meine* Meinungen und *meine* Ansichten sind nicht gefragt. Wir reden deshalb aneinander vorbei, weil wir mit unseren Ohren zuhören, das Gehörte aber mit unserem Verstand interpretieren.

Auch dafür hat Paulus einen guten Tipp:

»*Wenn ich mit Juden zu tun habe, lebe ich wie ein Jude, um sie zu gewinnen. Ich selbst bin nicht mehr an das Gesetz Moses gebunden; aber wenn ich unter Menschen bin, die noch daran gebunden sind, lebe ich wie sie nach dem Gesetz, um sie für Christus zu gewinnen. Wenn ich dagegen Menschen gewinnen möchte, die nicht nach dem Gesetz leben, beachte auch ich es nicht ... Wenn ich mit Menschen zu tun habe, deren Glaube noch schwach ist, werde ich wie sie, um sie zu gewinnen.*« (1. Korinther 9, 20 ff.)

Verhält sich Paulus wie ein Chamäleon, das sich an jeden Untergrund anpasst? Nein, aber er nimmt die Menschen ernst, und damit gewinnt er sie.

Warum fällt es uns Männern und Frauen so schwer, den anderen in seinem Sosein, in seinem Anderssein und in seinem Gewordensein stehen zu lassen? Wer den anderen konfrontiert, mit Gegenargumenten und Infragestellungen bombardiert, gewinnt ihn nicht.

Hinweis 3:
Stellen Sie Einfühlungsfragen!

Wenn Ihnen etwas spanisch vorkommt und Ihr Partner Ihnen rätselhaft erscheint, konfrontieren Sie ihn nicht mit Ihrer Logik. Er hat eine andere. Seine Erfahrungen unterscheiden sich von den Ihren. Stellen Sie Fragen wie: »Hilf mir, Schatz, deine Logik zu verstehen. Wie bist du denn darauf gekommen.« oder »Ich wiederhole noch mal, wie das bei mir angekommen ist. Ich vergewissere mich, ob ich es auch richtig wiedergebe.«

Wiederholungen sind sowieso ein ausgezeichnetes Mittel, den anderen ernst zu nehmen. Außerdem hat er sofort die Möglichkeit, mich zu korrigieren, wenn ich etwas falsch verstanden habe. Auch als Therapeut benutze ich dieses Mittel. Wenn der Ratsuchende mir seine Probleme geschildert hat, wiederhole ich alles, um zu kontrollieren, ob ich es auch richtig verstanden habe. Der andere erhält damit die Möglichkeit, zu überprüfen, ob er sein Anliegen klar und verständlich rübergebracht hat.

Wer aktiv zuhört, kann gern kleine »Türöffner« benutzen:

- »Tatsächlich?«
- »Hm.«
- »Im Ernst?«
- »Und weiter?«
- »O ja.«
- »Das ist ja interessant!«

Dadurch bestätige ich den anderen, hole ihn ab und lasse seine Ansichten stehen. Die Türöffner sind sowohl Aufforderungen zum Sprechen als auch zum Weitersprechen.

Hinweis 4:
Seine subjektive Sicht ist maßgebend

Der beste Rat, den man Menschen geben kann, die miteinander reden, die ein privates oder berufliches Gespräch miteinander führen, lautet:

- Mit den Augen *des anderen* die Probleme sehen,
- mit den Ohren *des anderen* die Probleme hören,
- mit dem Herzen *des anderen* die Probleme einfühlen.

Das lernen wir bis an unser Lebensende nicht zur Vollkommenheit. Aber jede Verbesserung verhindert Machtkämpfe und hässliche Auseinandersetzungen, denn

- *seine* Gefühle will ich kennen lernen,
- *seine* Sicht der Dinge wichtig nehmen,
- *seine* Beurteilung hören.

KAPITEL 8

Sadismus und Masochismus

Eine Form maßloser Gewalt ist der Sadismus. Sadisten begegnen uns in allen zwischenmenschlichen Beziehungen. Es können Schläger sein, die selbst als Kinder geschlagen wurden, sie können als Tyrannen auftreten, die andere Menschen auf vielerlei Weise quälen und entwürdigen. Es verschafft dem Sadisten Befriedigung, wenn Mitarbeiter, Untergebene, Partner und Kinder seelisch oder körperlich leiden.

Sadismus kann auch als eine sexuelle Deviation auftreten, also eine Abweichung vom »normalen« sexuellen Verhalten. Die Bezeichnung für diese perverse Form geht auf den Marquis de Sade zurück, einen französischen Schriftsteller, der um die Mitte des 19. Jahrhunderts in Frankreich lebte. Er verbrachte zwanzig Jahre in elf verschiedenen Gefängnissen, in denen er seine pathologischen Werke niederschrieb. Im Mittelpunkt stehen grausame und gewalttätige sexuelle Übergriffe. Der sexuelle Sadismus kann als Begleiterscheinung beim Geschlechtsakt auftreten, er kann aber auch Ersatzhandlung für denselben sein.

Das gegenteilige Verhalten – also die Freude am Gequältwerden – nennt man Masochismus, benannt nach dem österreichischen Schriftsteller Leopold Sacher-Masoch. Er wurde systematisch von seiner Frau gequält, die ihm durch diese Schmerzen Lustempfindungen verschaffte.

Die sexuelle Deviation, bei der es um Zufügen und Erleiden von Schmerz geht, nennt man Sadomasochismus.

Sadismus und Masochismus kommen getrennt vor. Beide Einstellungsmuster können sich aber auch in einem Menschen wiederfinden.

Die Lust an der Qual

Über die Hintergründe dieser Neigungen wird in der Sexualwissenschaft seit Jahrzehnten spekuliert. Die verschiedenen psychotherapeutischen Schulen deuten die Motive und Hintergründe unterschiedlich. Allen gemeinsam aber ist die Erklärung, dass es sich um die Lust am Quälen und die Lust am Leiden handelt. Und da beide Empfindungsmuster nahe beieinander liegen, können sie auch in einem Menschen gleichzeitig vorkommen.

Und auch darin stimmen die meisten Fachleute überein: Bei dieser abnormen sexuellen Erlebnisweise geht es in erster Linie nicht um sexuelles Erleben, sondern um Gewalt, um Machtausübung, um sich unterwerfen und um Leid zufügen. Beherrschen und Unterordnen sind die beiden herausragenden Motive.

Sadomasochistische Praktiken gibt es in unterschiedlichen Erscheinungsformen. Sie können spielerisch und wenig gewalttätig vorgenommen werden. Der Partner lässt sich fesseln, wird an Händen und Füßen angebunden. Der Sexualakt wirkt für den einen erregend, weil der Partner sich nicht wehren *kann*, für den andern lustvoll, weil er sich nicht wehren *darf*. So lange beide Partner mit solchen Spielchen einverstanden sind, gibt es keine therapeutischen wie geistlichen Einwände. Entscheidend ist natürlich das Kriterium der Liebe: Beide stimmen uneingeschränkt zu.

Geistlich und therapeutisch fragwürdig sind sadistische Verhaltensmuster aber immer dann, wenn ein Partner gequält, gedemütigt und gegen seine Überzeugung missbraucht wird. Besonders Männer beichten in Gesprächen öfter, dass sie bei körperlichen, sexuellen Kontakten von sadistischen Fantasien heimgesucht werden. Sie wollen die völlige Kontrolle über das Opfer behalten. Sadistische Fantasien und Handlungen beinhalten normalerweise Aktivitäten, die die Dominanz über den Partner widerspiegeln. In der Regel strebt der Sadist die Demütigung des Partners an: Dieser wird gezüchtigt, verprügelt, erhält Ohrfeigen, bekommt Schnitt- oder Stichwunden zugefügt, wird gewürgt und vergewaltigt.

Offensichtlich handelt es sich bei diesem Personenkreis um Menschen mit einer antisozialen Persönlichkeitsstörung, die in der Regel chronisch verläuft.

Sexueller Masochismus findet sich bei Frauen und Männern, die sexuelle Erregung erleben, wenn sie geschlagen, ausgepeitscht oder gefesselt werden. Es ist immer wieder erstaunlich, dass viele Männer wie Frauen in der Beratung von Fantasien und Träumen berichten, in denen sie gefesselt wurden oder von anderen Personen festgehalten werden und dann eine Vergewaltigung erleben. In der Regel enden solche Träume und Fantasien damit, dass es keine Fluchtmöglichkeiten mehr gibt.

Solche Träume spiegeln die Sehnsucht wider, im Leiden sexuelle Lust zu empfinden.

Leider gibt es auch Menschen, die sich selbst mit Nadeln stechen, Elektroschocks zufügen oder sich selbst verstümmeln. Andere wollen ausgepeitscht, gedemütigt und gequält werden. Sie haben das Gefühl, eine Strafe verdient zu haben. Wenn sie dann beschimpft und auf unterschiedliche Art bestraft werden, empfinden sie sexuelle Lust dabei.

Die Lernpsychologie geht davon aus, dass diese Verhaltens- und Einstellungsmuster schon in früher Kindheit gelernt werden. Machtmissbrauch und Unterwerfung spielen im Leben von Eltern und Kindern eine Rolle. Die einen wollen herrschen und dominieren, wollen sich rächen und projizieren ihre Machtansprüche auf Partner und Mitmenschen. Die anderen sind es gewohnt, zu leiden und gedemütigt zu werden, sie können sogar Lustgefühle dabei empfinden.

Menschen mit einer masochistischen Komponente haben

nicht selten ein ausgesprochen feines Gewissen und handeln äußerst moralisch. Sie haben das Gefühl, Peinigungen, Strafen und Züchtigungen wirklich verdient zu haben.

Fünfzehn Gesichtspunkte zu einem Beratungsbeispiel

Masochismus kann sich auch in geistlicher Verkleidung zu Wort melden. Ich möchte im Folgenden etwas ausführlicher einen Fall aus meiner Beratungspraxis schildern, weil er mir symptomatisch erscheint.

Eine junge, verheiratete Frau kommt zu mir und sucht Rat. Sie erzählt, dass sie einige Male im Monat von ihrem Mann geschlagen wird. Merkwürdigerweise verlangt sie diese Züchtigungen von ihm und leidet darunter, dass sie sie sogar genießt, hin und wieder sogar dabei zum Orgasmus kommt. Die junge Frau offenbart sich als bewusste Christin und ist nicht nur menschlich, sondern auch geistlich über ihr Tun ins Zweifeln geraten.

Ihr Problem und Lebensgefühl beschreibt sie folgendermaßen: »Ich mag keine halben Sachen. Als Christin gehört mein Leben meinem Herrn. Ich weiß zwar, dass Jesus uns die Sünden vergeben hat, aber ich habe immer wieder das Gefühl, ich müsse bestraft werden. Seine Vergebung ist mir zu billig. Ich bekenne ihm meine Schuld, und schon soll alles aus meinem Leben gelöscht sein? Das ist doch zu einfach! Immer wieder habe ich das Gefühl, ich bräuchte Schläge. Weil ich büßen muss. Und dann bitte ich meinen Mann, mir den bloßen Hintern zu versohlen. Ich gebe zu, dass mich das außerordentlich erregt, und das belastet mich wiederum. Ich weiß nicht, was in mir vorgeht.«

In einer Serie von Gesprächen stellt sich Folgendes heraus:

1. Die Frau ist seit etwa fünf Jahren verheiratet und kommt aus einem extrem christlich orientierten Elternhaus. Sie arbeitet auf dem Finanzamt und bezeichnet sich selbst als »äußerst gewissenhaft«. Mehrfach erzählt sie, dass sie entsetzt darüber sei, wie leichtfertig, unehrlich und skrupellos mit der Wahrheit umgegangen und wie das Finanzamt betrogen werde.

2. Sie war die Älteste von vier Geschwistern und war von den Eltern immer als Vorbild für ihre Schwestern und Brüder hingestellt worden. In jeder Beziehung musste sie sich also mustergültig verhalten und wurde selbst für kleinste Vergehen vom Vater hart bestraft. Die Eltern waren Mitglieder in einer Freikirche, zahlten treu ihren Zehnten und wollten mit ihrer Familie der Gemeinde und ihrem Herrn keine Schande bereiten.

3. Wenn der Vater nach Hause kam, fragte er seine Älteste, ob sie Unrecht getan und ob sie ihm etwas zu beichten hätte. Sie erzählt mir, wie der Vater sie dabei mit durchdringenden Augen angeschaut hatte. Für sie sei es unmöglich gewesen, ihm etwas zu verheimlichen. Sie war daraufhin vom Vater mit einem Riemen gezüchtigt worden, oft mehrmals in der Woche. Diese »Beichten« hätten in ihr ein hoch sensibles Gewissen wachsen lassen, sie wäre dem Vater auch heute noch dafür dankbar, dass er von ihr einen so rückhaltlosen Gehorsam ihm und Gott gegenüber gefordert habe.

4. Mit sechzehn Jahren hatte sie sich taufen lassen. Wochenlang war sie beunruhigt gewesen und hatte sich gefragt, ob sie Gott wirklich alle Sünden gebeichtet hätte. Nach der Taufe und der Bekehrung war sie in schwere Anfechtungen hineingeraten. Tag und Nacht hätten sie »unanständige« Liebesgefühle heimgesucht. In Wirklichkeit waren das natürliche Empfindungen, welche die meisten Pubertierenden kennen. Durch ihre sehr prüde Erziehung deutete sie diese Gefühle aber als sündhaft.

Und weil sie dies dem Vater nicht beichten konnte, bekam sie zunehmend die Gewissheit, Gott würde sie dafür bestrafen.

5. Etwa zwei Jahre nach der Taufe begann das junge Mädchen, sich nachts an verschiedenen Körperteilen zu kneifen. Mit ihren Fingernägeln fügte sie sich an Beinen, Oberschenkeln und im Bauchraum Verletzungen zu. Im Turnunterricht wurde sie von der Lehrerin gefragt, was denn die Narben und kleinen Blutergüsse zu bedeuten hätten. Sie log und geriet dadurch noch tiefer in den Strudel der Selbstbestrafung. Fortan wählte sie nur noch Körperteile aus, die im Sportunterricht bedeckt sind.

6. »Wenn Gott mich nicht bestraft, muss ich es selbst tun!« Sie bestätigt mir, dass der Vater nach Bekehrung und Taufe seine Sündenbefragung eingestellt hatte. Jetzt war sie für sich selbst verantwortlich. Sie sagte: »Diese Selbstbestrafungen haben mir immer ein gutes Gefühl beschert, denn ich hatte mehrere Male am Tag böse Gedanken, die mit Liebe und sexuellen Wünschen zu tun hatten.« Bestimmt zehnmal am Tag betete sie gegen die Versuchungen an, aber »durch alle Ritzen« wären die Gedanken in sie eingedrungen. Wehrlos war sie ihnen ausgeliefert gewesen.

7. Mit neunzehn Jahren lernte sie in der Gemeinde einen jungen Mann kennen, der den Jugendkreis leitete. Er hatte sein Abitur gemacht und eine Banklehre begonnen. Sie war völlig überrascht, dass die Wahl des jungen Mannes auf sie fiel. Beide trafen sich jeweils nach den Veranstaltungen für junge Erwachsene. Ihre Eltern sollten von dem Liebesverhältnis nichts wissen.

An ihrem zwanzigsten Geburtstag – sie kannten sich beide nun etwa ein Jahr – wurde der junge Mann fordernder, küsste sie leidenschaftlich und berührte sie unter dem Kleid an ihren

Brüsten. Sie hatte es geschehen lassen, konnte aber die ganze Nacht nicht schlafen, weil sie einer »großen Sünde erlegen war«.

8. Sechs Wochen später verlobten sie sich, weil sie ihren Fehltritt vor Gott nur durch eine endgültige Bindung an diesen Mann abfangen konnte. Die Eltern fielen zwar aus allen Wolken, waren aber mit der Verlobung einverstanden. Auch der junge Mann erkannte eine gewisse Schuld, hielt diese Einstellung seiner Verlobten aber für übertrieben.

In der Folgezeit wurden die Selbstbestrafungen immer intensiver. Auch der Verlobte war inzwischen dahinter gekommen, dass sich bei ihr an Füßen, Oberschenkeln und im Bauchraum überall Narben befanden. Sie schämte sich sehr, gestand ihm aber eines Tages ihre Selbstverstümmelungen. Beide beteten darüber und waren sicher, dass Gott alle Schuld getilgt hatte. Dennoch blieb das Gefühl, zusätzlich zur Schuldentlastung noch einiges tun zu müssen. Schweren Herzens versprachen sich die Verlobten, bis zur Hochzeit keine sexuellen Beziehungen mehr zu pflegen, um so die Selbstbestrafung zu unterlaufen.

9. Mit Eltern und Schwiegereltern vereinbarten die Verlobten, dass sie heiraten würden, wenn seine Banklehre und ein Zusatzstudium, das er gleichzeitig absolvierte, abgeschlossen wären. Das bedeutete, dass beide noch gut ein Jahr auf intime Beziehungen verzichten mussten. Besonders der jungen Frau fiel der Verzicht schwer, weil sie in allen Liebesfantasien und ihrem Zärtlichkeitsaustausch Verstöße gegen Gottes Gebote sah. Ihre Selbstbestrafungen verstärkten sich immer dann, wenn es zu »Grenzüberschreitungen« mit dem Verlobten gekommen war. Ihr Verlobter hoffte indes inständig, das sich die Selbstbestrafungen völlig verlieren würden, wenn sie erst einmal verheiratet waren.

10. Die Hochzeit wurde also von beiden sehnlichst erwartet. Die Eltern hatten ihnen eine kleine Eigentumswohnung gekauft, die die jungen Leute mit viel Liebe einrichteten. Mit der ganzen Gemeinde wurde die Hochzeit gefeiert.

Das junge Paar war überglücklich, es hatte nur mit einer sexuellen Eigenart Schwierigkeiten. Sie bat ihren Ehemann immer wieder, er möge ihr den bloßen Hintern versohlen, damit ihre »schlimmen Schuldgefühle« getilgt würden.

Die ersten Male weigerte sich der Ehemann, die Prozedur kostete ihn erhebliche Überwindung. Aber später erregte es ihn selbst so sehr, dass er ihrem Wunsch gern entsprach. Erst Wochen später kam er dahinter, dass seine Frau bei der geforderten Züchtigung starke Lustgefühle empfand und ab und zu sogar zum Orgasmus kam, obwohl er sie sexuell gar nicht berührt hatte.

Immer wieder stößt die Frau bei unseren Gesprächen die Worte aus: »Ich bin so abgrundtief böse, dass ich die Strafe verdient habe.«

11. Das Ehepaar hatte ein Buch über sexuelle Perversionen gelesen, und beide sind zur Überzeugung gekommen, dass in ihrer Ehe ein »krankhaftes Miteinander« praktiziert wird.

Die junge Frau kommt als Erste in die Beratung, denn sie glaubt, die Alleinschuldige zu sein. Sie entdeckt in den Gesprächen, dass sie bereits als Kind ein ausgesprochenes Strafbedürfnis im Verhältnis zum Vater entwickelt hat. Auf alle sündigen Gedanken und Gefühle reagierte sie mit einem ungewöhnlichen Empfinden, dafür büßen zu müssen.

Nach ihrer Taufe hat sich das Strafbedürfnis noch verstärkt, weil sie von der Pubertät voll überrollt wird. Sie erlebt keinen Tag ohne große Schuldgefühle. Offensichtlich hat die extreme Frömmigkeit der Familie bei diesem sensiblen Mädchen ein krankhaftes Strafbedürfnis hervorgerufen.

12. Nach drei Gesprächen mit der Frau erklärt sich der Ehemann zu Paargesprächen bereit, fühlt er sich als Christ und Partner doch mitschuldig. Er hat das abnorme Empfinden geduldet, verstärkt und merkt nun, dass er dadurch einem geistlichen Selbstbetrug Vorschub geleistet hat, indem er nämlich das sexuell gefärbte Strafbedürfnis seiner Frau bejahte. Sein Schuldeingeständnis hilft der Frau, ihre Alleinschuld zu relativieren. Beide erkennen, dass sie die Schuldvergebung, die Tat Christi am Kreuz, verkleinert und durch ihr schuldhaftes Verhalten in Misskredit gebracht haben.

13. Beide verpflichten sich vor Gott, alle wirklichen oder eingebildeten Schuldgefühle an Christus abzugeben und sich nicht durch selbst auferlegte Strafen zu entlasten.

Hier sind noch etliche Gespräche erforderlich, weil die junge Frau den theologischen Tatbestand der Sündenvergebung durch Christus verstandesmäßig voll akzeptiert, in der Tiefe ihres Herzens jedoch die Bestrafungsbedürfnisse, die sexuell motiviert sind, bleiben. Der Mann ist ihr eine große Hilfe, wenn er alle Bitten, sie zu bestrafen, ablehnt und mit ihr die übertriebenen Schuldgefühle vor Gott ausbreitet.

14. Als beide – ohne sadomasochistische Praktiken – sexuelle Befriedigung erfahren, lassen die Selbstbestrafungsbedürfnisse nach. Durch diese Tatsache wird noch einmal klar, dass sich hinter den geistlich motivierten Selbstbestrafungen sexuell motivierte Gefühle versteckt hatten.

Als die Ehe ein Jahr später mit einem Kind gesegnet wird, sind die Selbstbestrafungsgefühle und -bedürfnisse fast verschwunden. Es bereitet ihr keine Schwierigkeiten mehr, ihre Gefühle zu kontrollieren.

KAPITEL 9

Machtmissbrauch an Kindern und Jugendlichen

Es ist unvorstellbar, wie vielen Kindern in dieser Welt Gewalt angetan wird. Hilflose und wehrlose Geschöpfe werden aus den unterschiedlichsten Motiven heraus gequält. Solche Gewalterfahrungen begleiten die Betroffenen oft ein ganzes Leben lang. Über die psychischen Schäden wird seit Jahren in Fachzeitschriften geschrieben, aber auch die gesundheitlichen Schäden sind enorm hoch. In Deutschland schätzt die Arbeitsgemeinschaft »Männer und Geschlechterforschung« die Folgekosten der von Männern ausgeübten Gewalt auf etwas 15 Milliarden Euro pro Jahr.

Alle Formen von Gewaltanwendung bedingen eine Abwertung der Würde und Unantastbarkeit der Person. Sie setzen den Respekt und die Achtung des menschlichen Wesens herab. Gewalterfahrungen von Kindern und Jugendlichen verursachen Ohnmachtsgefühle und Ängste.

Eine erschreckende Bilanz

Die Zahl der misshandelten Kinder ist unvorstellbar. Über 30.000 Kinder, die grausam zugerichtet wurden, sind offiziell bei den Behörden gemeldet. Davon wurden einige sogar zu Tode geprügelt. Über hundert Kinder zwischen sechs und zwölf Jahren begingen Selbstmord. Was muss in den Kinderseelen vor sich gehen, die hilflos den Schlägen ihrer Peiniger ausgeliefert sind!

Professor Hurrelmann von der Universität Bielefeld gibt folgende Bilanz:

»Wir dürften es demnach in der Realität mit mindestens 40.000 Fällen der körperlichen und sexuellen Misshandlung zu tun haben, die jährlich auftreten. Rechnen wir diese Zahl hoch, können wir schätzen, dass mindestens 300.000 bis 400.000, also 3 % aller 11 Millionen Kinder und Jugendlichen unter 18 Jahren in der Bundesrepublik Deutschland, von einer der Formen der Gewaltausübung betroffen sind. Manche Experten vermuten, dass die Zahlen noch deutlich höher liegen und bei Mädchen bis zu 30 % betragen können.«[1]

Ausdrücklich weist Hurrelmann darauf hin, dass in den genannten Zahlen keine schwerwiegenden seelischen Quälereien und psychosozialen Vernachlässigungen enthalten sind. Gravierende seelische Ablehnung, extreme Verweigerung von Zuwendung und Vernachlässigung würden die Zahlen vermutlich noch einmal um 10 % bis 15 % in die Höhe schnellen lassen.

Gewalt wird definiert als eine Handlung, die mit der Absicht ausgeführt wird, eine andere Person körperlich zu verletzen. Ein besonderes Thema ist Gewalt in der Schule. Sie umfasst das gesamte Spektrum von Tätigkeiten, die physische oder psychische Schmerzen und Verletzungen zur Folge haben.

Für schulische Gewaltanwendung werden von Fachleuten folgende Risikofaktoren genannt:

- ungünstige Familienverhältnisse,
- gestörte Familienbeziehungen,
- Trennung oder Scheidung der Eltern,
- wechselhafter Erziehungsstil der Eltern,
- Mitgliedschaft in kriminellen Jugendgruppen.

Die Familie erlebte in der Vergangenheit einen so großen Schutz- und Schonraum, dass Gewalt, Aggression und Misshandlung an Kindern oft unentdeckt blieb. Bis zum Ende des 19. Jahrhunderts waren Züchtigungsrecht und Prügelstrafe sogar ein juristisch unangefochtenes »Privileg« des Mannes gegenüber seiner Ehefrau und der Eltern bzw. der Lehrer gegenüber ihren minderjährigen Kindern und Schülern.

Aggression und Gewalt werden heutzutage leider immer öfter als »normal« angesehen. Ist es ein Wunder, dass Gewalt als geil empfunden wird, wenn Kinder in unserem Land bis zu ihrem 12. Lebensjahr durchschnittlich 14.000 Tötungshandlungen im Fernsehen und im Kino erlebt haben? Gewalt ist ansteckend, es gibt nicht nur ansteckende Krankheiten, es gibt ansteckende Gewalt.

Die Vielfalt familiärer Gewaltanwendung

Fachleute haben versucht, die Gewaltanwendungen im familiären Bereich in fünf Kategorien einzuteilen:

1. *Partnergewalt.* Es handelt sich hierbei um Gewaltanwendung unter Ehepartnern bzw. Partnern einer nichtehelichen Lebensgemeinschaft.
2. *Eltern-Kind-Gewalt.* Es handelt sich um Gewaltanwendung der Eltern oder Elternersatzpersonen gegenüber ihren Kindern.
3. *Geschwistergewalt.* Es geht um Gewalt unter Geschwistern oder Kindern und Jugendlichen, die wie Geschwister aufwachsen.
4. *Kind-Eltern-Gewalt.* Die Gewalt geht hierbei von Kindern aus, die sie gegenüber Eltern und Elternersatzpersonen ausüben.
5. *Gewalt gegen alte Menschen.* Es handelt sich um gewaltsame Angriffe gegen alte Menschen vonseiten jüngerer Angehöriger, in deren Haushalt das Opfer lebt und die teilweise Sorgefunktion für den alten Menschen übernommen haben.

Repräsentative Untersuchungen aus den USA zeigen, dass 12,1 % der Ehemänner und 11,6 % der Ehefrauen im Jahr 2003 ihren Partner bzw. ihre Partnerin körperlich attackiert haben. Betont wird hierbei, dass in den USA – das trifft aber durchaus auch auf Deutschland zu – die gewaltsamen Angriffe innerhalb der Familie in der Regel von Männern ausgehen.

Die Familie ist der Ort, an dem Menschen intensiver als anderswo Fürsorge und Liebe erfahren können, sie ist aber auch der Platz, wo am häufigsten Unterdrückung und Gewalt vorkommen. Es ist eine Tatsache, dass Gewaltanwendungen in allen Schichten der Bevölkerung vorkommen.

Besorgnis erregend ist, dass die Opfer von gestern die Täter von heute sind und dass die Opfer von heute die Täter von morgen werden.

Gewalt ist nicht angeboren

Angeboren ist uns aber die Fähigkeit, Aggression zu erlernen und dann auch Gewalt auszuüben.

Menschen haben die Wahl und die Verantwortung. Gewalt wird erfahren, Gewalt wird erlernt. Niemand muss auf Ärger, Wut, Ohnmacht, Kränkung und Verletzung mit Aggression und Gewalt reagieren. Leider ist es so, dass Kinder und Jugendliche, die Ohnmacht, Hilflosigkeit, Hoffnungslosigkeit und Vereinzelung erlebt haben, leichter zum Mittel der Gewalt neigen. Jungen und Männer sind allerdings erheblich aggressiver als Mädchen und Frauen. Das scheint damit zu tun zu haben, dass Frauen eher andere – offenbar bessere – Fähigkeiten haben, mit solchen Belastungssituationen umzugehen.

Gewaltanwendung hat mit Gewalt anwendenden Vorbildern zu tun.

In den aktuellen Arbeiten zur Ursache männlicher Gewalt finden sich immer wieder biologische bzw. verhaltensbiologische Erklärungsansätze. Im Durchschnitt wird bei Männern ein höherer Testosteronspiegel als besonders wirksam genannt. Auch die körperliche Überlegenheit des Mannes wird als Grund für eine höhere Aggressionsbereitschaft angeführt. Das Männlichkeitsideal spielt ebenfalls eine große Rolle. Stärke, Entschlossenheit und Souveränität fördern das Aggressionspotenzial. Hinzu kommt, dass Männer aggressiv reagieren, wenn ihr Selbstbewusstsein weniger gestärkt ist und der Selbstwert nicht aufgebaut wurde. Nicht zuletzt rührt Gewalt gegenüber Kindern und Partnern bei Männern daher, dass sie als Kinder geschlagen wurden oder die Gewalt des Vaters gegen die Mutter erlebten.

Welche Motive lassen Eltern brutal werden?

Die Forschung hat sich seit Jahren mit Kindesmisshandlungen beschäftigt und eine Reihe Ausgangsbedingungen gefunden, die körperliche und psychische Gewalt gegen Kinder und Jugendliche hervorrufen.

Motiv 1:
Lang anhaltende Ehekonflikte

Wenn Eheleute in großen Spannungen leben und sich verbal und handgreiflich befehden, sind die Kinder die *Blitzableiter.* Unbewusst werden sie als Störenfriede empfunden, die die Eltern hindern, unbeschwert auseinander zu gehen. Die hilflosen Kinder ziehen den ohnmächtigen Zorn auf sich.

Motiv 2:
Wirtschaftliche Probleme

Viele Ehepaare haben sich finanziell übernommen. Ihre hohen Ansprüche haben den Ehefrieden beeinträchtigt. Sie müssen sparen, geraten sich in die Haare, machen sich gegenseitig

Vorwürfe und lassen ihre Unzufriedenheit an den Kindern aus. Ihre unkontrollierten Abreaktionen treffen also diejenigen, die am wenigsten verantwortlich sind.

Motiv 3:
Wohnprobleme

Da viele junge Eltern zunächst in kleine, enge Wohnungen ziehen müssen, steigert sich die Aggressivität erheblich. Hochhäuser, enge Straßen und das Zusammenleben auf engstem Raum verstärken die Reibung, da Abstand und Rückzugsmöglichkeiten fehlen. Aggressive Handlungen sind vorprogrammiert.

Motiv 4:
Misshandlungen im eigenen Leben

Nicht wenige Eltern haben als Kinder Quälereien über sich ergehen lassen müssen. Man sollte meinen, sie hätten aus diesen negativen Erfahrungen gelernt. In Wahrheit aber stecken die Verhaltensmuster so tief im Innern, dass sie jederzeit wieder offenbar werden können. Sie leben, was sie selbst erlitten haben.

Motiv 5:
Gewaltanwendungen sind ansteckend

Bild- und Printmedien haben in den letzten Jahrzehnten die Gewalt verherrlicht. Schläge, Misshandlungen und brutale zwischenmenschliche Auseinandersetzungen mit Blutvergießen und tödlichem Ausgang gehören zum täglichen Bild des Menschen unserer Tage. Kriegsspiele mit Gewehren, Pistolen und ähnlichen Waffen sind auf unseren Straßen alltäglich geworden. Die brutale Gewalt wird verharmlost, reizt zum Nachahmen und verleitet Kinder und Erwachsene dazu, ihren Wutausbrüchen freien Lauf zu lassen. Ungewollt wird der Eindruck vermittelt, Konflikte werden durch Zuschlagen geregelt.

Motiv 6:
Das behinderte Kind
Es gibt Eltern, die ein behindertes Kind als eine »persönliche Beleidigung« verstehen. Sie liegen mit Gott und der Welt in Fehde. Sie fühlen sich persönlich misshandelt und geben diese sich eingeredete Misshandlung an das unglückliche Kind weiter.

Motiv 7:
Das uneheliche Kind
Eltern sind an einem Kind *hängen geblieben*, das aus einer verunglückten Liebesaffäre entstanden ist. Der Partner hat sich aus dem Staube gemacht, ist bestenfalls gewillt, einen bestimmten Geldbetrag für den »Fehltritt« aufzubringen. Das arme Kind wird als »Fehltritt« oder als »Unglücksfall« abgestempelt. Es liegt auf der Hand, dass Eltern ihre unverarbeitete Aggression gegen den ungetreuen Liebhaber schnell auf das Kind abwälzen.

Motiv 8:
Ein Elternteil sitzt im Gefängnis
Gewalt und Kriminalität eines Partners belasten die Ehe aufs Äußerste. Kommt dann ein Elternteil ins Gefängnis, wird die Wut über das Unglück, das ein Partner über die Familie gebracht hat, an den Kindern ausgelassen.

Motiv 9:
Das Kind aus einer gescheiterten Ehe
Scheidungskinder erleben häufig ein doppelt schweres Los. Zuerst trennen sich die Eltern, die Kinder leiden und erleben, dass der sorgeberechtigte Elternteil neue Verhältnisse eingeht. Die Kinder werden vernachlässigt, weil Vater oder Mutter mit ihren Liebesbeziehungen beschäftigt sind. Und sie werden vielfach misshandelt, weil sie schlicht im Wege stehen.

Wenn unsere Kinder von klein auf lernen, Konflikte durch Aggressionen und brutale Methoden zu lösen, züchten wir unbewusst bei ihnen eine Kriegsgesinnung. Aber auch der Frieden ist eine Gesinnungsfrage. Frieden können wir nur leben, wenn wir selbst friedfertige Umgangsmuster trainiert haben.

Ein Beratungsbeispiel

In die Beratung kommt eine Frau. Sie ist 31 Jahre alt und Mutter. Am Telefon hatte sie mir gesagt, dass sie mit ihrem Kind nicht fertig wird. Ihre Stimme klang verzweifelt, gleichzeitig aber auch hart. »Ab und zu vergesse ich mich. Ich weiß dann nicht, was ich tue. Ich habe Angst, dass ich irgendwann völlig die Selbstkontrolle verliere!«

Jetzt sitzt sie mit dem zweijährigen Kind in der Sprechstunde. In meinem Beratungszimmer stehen viele Blumen, die auch von Kleinkindern erreicht werden können. Einige Schranktüren sind nur angelehnt, die Schreibtischschubladen nicht verschlossen. Die Mutter hat aus dem Wartezimmer Spielzeug für das Kind mitgebracht, das auf dem Boden liegt.

Das Mädchen ist quirlig und lebhaft. Es rennt wie eine Wilde durch das Sprechzimmer. Ich beobachte, wie die Mutter das Kind mit den Augen verfolgt. Ihr Blick ist böse und aggressiv. »Wenn du etwas anfasst, bekommst du Schläge!«

Mutter und Kind leben in einer andauernden Spannung. Die Mutter erwartet, dass das Kind ungehorsam wird, und das Kind tut ihr den Gefallen. Es läuft zu den Blumen, fasst die Blätter an und schielt lauernd auf die Mutter. Wie eine Furie springt diese vom Stuhl auf und haut ihrer Tochter erbarmungslos auf die Finger.

Das Kind verzieht wütend sein Gesicht, es dauert eine Weile, bis es weint, dann ballt es die kleinen Fäuste und stampft mit den Füßen auf. Mit zusammengekniffenen und herunterhängenden Lippen steht das Mädchen eine Minute im Raum und frisst die Aggression in sich hinein. Plötzlich zieht es einen Ärmel seines Shirts hoch, will sich kratzen, und ich sehe, dass der ganze Arm von blauen Flecken übersät ist. Ich schaue die Mutter an. Sie merkt, dass ich die Misshandlungen entdeckt habe.

Wie kommt es nun zu diesen destruktiven Verhaltensmustern der Mutter? Dazu im Folgenden einige Denkanstöße.

Denkanstoß 1:
Der Wille muss gebrochen werden!

Die junge Mutter hat von ihren Eltern gelernt, dass der Wille eines kleinen Kindes gebrochen werden muss, damit der Heranwachsende später Unterordnung, Anpassung und Gehorsam leben kann. »Was Hänschen nicht lernt, lernt Hans nimmermehr!« Das ist ein Lieblingssatz ihrer eigenen Mutter gewesen.

Denkanstoß 2:
Kinder werden durch Härte erzogen

Die Eltern der jungen Mutter haben ihre Kinder nicht zur Verantwortung und zur Mündigkeit erzogen. Sie haben ihre Sprösslinge durch Verbote, Schläge und harte Richtlinien in ein Schema gepresst, dadurch unselbstständig gemacht und das Selbstvertrauen untergraben. Die junge Mutter reproduziert, was sie am eigenen Leibe erlebt hat. Sie gibt Erfahrungen weiter, die sie selbst durchlitten hat.

Denkanstoß 3:
Schläge machen rebellisch

Die junge Mutter handelt hilflos und aggressiv. Sie ahnt insgeheim, dass Gewalt den Trotz der Kinder steigert, dass durch Druck Gegendruck erzeugt wird. Das zweijährige Kind wird nicht zu einem pro-sozialen, sondern zu einem dis-sozialen

Verhalten provoziert. Einen solchen Machtkampf verlieren in der Regel die Eltern.

Denkanstoß 4:
Die Erziehungsziele müssen geändert werden!

Nicht die Verhaltensmuster der Mutter müssen geändert werden, sondern ihre *Erziehungsziele*. Destruktive Erziehungspraktiken sind *Folgen* destruktiver Ziele. Die Mutter muss ihre Erziehungsgrundsätze von Grund auf korrigieren und nicht einfach nur ihre Hände festhalten. Ihre Hände tun lediglich das, was ihre Gedanken denken.

Es ist relativ leicht, die Mutter in ihrem Verhalten umzustimmen, weil sie ja den negativen Erfolg ihrer bisherigen Erziehungsziele vor Augen hat. Das kleine Mädchen kannte bisher nur negative Zuwendung. Es war ständig ungehorsam, um sich die Zuwendung der Mutter in Form von Schlägen und blauen Flecken zu holen.

Im Prinzip bin ich kein Freund von Belohnungen. Aber in diesem Fall helfen sie prompt. Wenn das Kind Vereinbarungen einhält, Familienregeln befolgt und Bosheiten unterlässt, bekommt es anstatt Strafe eine Belohnung. Die Mutter strahlt das Mädchen an und drückt es. Dadurch lernt die Mutter, ihren bösen Blick und ihr strafendes Gesicht gegen ein freundliches Lächeln zu tauschen. Mutter und Kind praktizieren beide einen neuen Lebensstil.

Die Umgestaltung der Mutter-Kind-Beziehungen dauert in diesem Fall etwa ein halbes Jahr. Einige Male kommt der Mann mit, der das Vorgehen seiner Frau gegenüber der Tochter missbilligte, aber selbst keinen Ausweg wusste. Bevor er zum ersten Mal mitkam, spielte er ernsthaft mit dem Gedanken, Frau und Kind zu verlassen. Er hatte auf diese Weise seine Partnerin mit den Erziehungsproblemen völlig allein gelassen. Die Abende und vor allem die Wochenenden waren für ihn härtester Stress.

Die junge Mutter ist ein Beispiel dafür, wie Erziehungsgrundsätze, die mit Schlägen durchgesetzt werden, von Generation zu Generation weitergegeben wurden. Die Frau spürte, dass sie in der Lage war, ihre Kontrolle zu verlieren und das Kind in letzter Verzweiflung zu erschlagen. Hätte der Mann sie verlassen, wäre sie am Ende ihrer Kraft gewesen.

Es ist erstaunlich, dass Paulus schon vor zweitausend Jahren die pädagogische Weisheit kannte, dass man Kinder nicht rebellisch machen dürfe. Er formulierte das so:

»Ihr Eltern, behandelt eure Kinder nicht so, dass sie widerspenstig werden! Erzieht sie in Wort und Tat nach den Maßstäben, die der Herr gesagt hat.« (Epheser 6,4)

Zorn, Widerspenstigkeit und Aggression werden durch Eltern und Erzieher hervorgerufen. Kinder sollen aber gewonnen, nicht herumkommandiert werden. Ihr Wille soll gestärkt und nicht gebrochen werden.

Fragen an Eltern zur Selbstprüfung

1. *Bin ich ständig böse auf mein Kind?*
   - Reizt mich mein Kind zum Zorn?
   - Versagt mein Kind oder sind meine Erwartungen und Ansprüche zu hoch?
   - Was drücke ich damit aus, dass böse Gedanken meine Gefühle zum Kind beherrschen?

2. *Projiziere ich in mein Kind Negatives hinein?*
   - Hasse ich an meinem Kind Eigenschaften, die mir zuwider sind?
   - Hasse ich an meinem Kind Eigenschaften, die ich an mir selbst entdeckt habe und die ich ausrotten möchte?
   - Übertrage ich auf mein Kind aggressive Gefühle, die mir an anderen Familienangehörigen aufstoßen?

3. *Vergleiche ich mein Kind mit anderen?*
   - Soll es stärker und überlegener sein?
   - Lehne ich mein Kind ab, weil es nicht meinen Erwartungen – im Vergleich mit anderen – entspricht?
   - Werde ich hart und ungerecht, weil mein Kind sich nicht genügend Mühe gibt, um mit anderen mithalten zu können?

4. *Neige ich zum Machtmissbrauch?*
   - Weil ich zur Vollkommenheit und zum Perfektionismus neige?
   - Weil ich jähzornig werde, wenn meine Anordnungen nicht erfüllt werden?
   - Weil ich zeigen will, wer der Herr im Hause ist?
   - Weil ich völlig hilflos und der Erziehung nicht gewachsen bin?

Wer bei sich starke Schwächen erlebt oder mit bestimmten Praktiken seiner Erziehung nicht fertig wird, sollte einen Fachmann aufsuchen oder sich an eine Erziehungsberatungsstelle wenden, um für sich und seine Kinder Leid abzuwenden.

Symptome, die auf einen möglichen Missbrauch hinweisen

Folgende Symptome können ein Hinweis auf Missbrauch sein. Wohlgemerkt: *können,* nicht *müssen.* Das möchte ich ausdrücklich betonen.

1. *Symptome, die auf einen körperlichen Missbrauch hindeuten*
   - Nicht erklärbare Verletzungen oder Brandwunden, besonders dann, wenn sie immer wieder vorkommen;

- unwahrscheinliche Entschuldigungen, mit denen das Kind die Verletzungen zu erklären versucht;
- Weigerung, über Verletzungen zu sprechen;
- nicht behandelte Verletzungen;
- übertrieben bereitwilliges Ertragen von Bestrafungen;
- Furcht, man könnte mit den Eltern Kontakt aufnehmen;
- kahle Stellen;
- Zurückweichen vor Körperkontakten;
- trotz Hitze bedeckte Arme und Beine;
- Angst vor ärztlicher Hilfe;
- Aggression gegen andere;
- Ausreißen.

2. *Symptome, die auf einen seelischen Missbrauch hinweisen*
   - Körperliche, geistige und emotionale Mangelzustände;
   - übertrieben bereitwilliges Ertragen von Bestrafungen;
   - überempfindliche Reaktion auf eigene Fehler;
   - ständiges Verächtlichmachen der eigenen Person;
   - plötzlich auftretende Sprachstörungen;
   - Angst vor neuen, veränderten Situationen;
   - unangemessene Gefühlsreaktionen auf schmerzhafte Situationen;
   - neurotische Verhaltensweisen (wie Schaukeln, Daumenlutschen oder Haareausreißen);
   - Selbstverletzung;
   - Furcht, man könne mit den Eltern Kontakt aufnehmen;
   - extreme Gleichgültigkeit oder Aggressivität;
   - Missbrauch von Drogen oder Lösungsmitteln;
   - Ausreißen;
   - zwanghaftes Stehlen oder Stöbern in Abfällen.[2]

KAPITEL 10

Macht und christlicher Glaube

Macht spielt auch im Glaubensleben des Christen eine Rolle. Viele Menschen sind von allen möglichen Dingen abhängig.

- Es gibt Menschen, die sind abhängig von *Drogen,*
- es gibt Menschen, die sind abhängig von der *Arbeit,*
- es gibt Menschen, die sind abhängig von *Zwängen,*
- es gibt Menschen, die sind abhängig von *Menschen.*

Sogar der Glaube kann abhängig machen und missbraucht werden.

Wer abhängig ist, kann missbraucht werden. Darum werden Kinder immer wieder sexuell und emotional missbraucht. Erwachsene, die unselbstständig, anlehnungsbedürftig und entscheidungsschwach sind, können auf diese Weise so leicht von machtbesessenen Menschen benutzt und ausgebeutet werden.

Wenn Macht den Glauben bestimmt, liegt ein Missbrauch vor. Der Gläubige wird vergewaltigt und er reagiert

- mit Schuldgefühlen,
- mit übergroßer Angst,
- mit ohnmächtiger Wut und
- mit Beschädigung seines Selbstwertes.

Das Glaubensleben ist gestört, wenn der Glaube von Verantwortlichen autoritär missbraucht wird. Nicht Liebe, Vergebung und Gerechtigkeit stehen dann im Mittelpunkt, sondern die Herrschaft über den Menschen. Als Haupttugend wird der

Gehorsam angeführt, als Kernsünde der Ungehorsam. Der Gläubige leidet unter einem falschen Gottesbild.

Wie sieht Abhängigkeit im Glauben aus?

Wie bringen es raffinierte, aber auch gut meinende Verkündiger fertig, andere Menschen an sich zu binden? Wie gelingt es ihnen, Menschen hörig zu machen?

Die Welt- und die Kirchengeschichte sind voll von trostlosen Beispielen, wie einfältige und abhängige Menschen seelisch und geistig vergewaltigt worden sind.

Abhängigkeit im Glauben beinhaltet:

- die Übernahme eines starren Glaubenssystems;
- Missbrauch der Liebe, der Selbsthass erzeugt;
- die absolute, blinde und unkritische Übernahme einer Reihe von Lehren;
- das blinde Befolgen von Regeln und Geboten, die über die Bibel hinausgehen;
- Informationen und die Verkündigung von Autoritäten nicht in Frage zu stellen, anzuzweifeln oder darüber nachzudenken;
- ein vereinfachtes Schwarz-Weiß-Denken;
- ein magisches Denken, dass Gott uns auf jeden Fall heilen wird;
- dass diese abhängigen Menschen sich wertlos und machtlos fühlen und sich bedingungslos einer christlichen Autorität beugen;
- dass Gott und der christliche Glaube wie ein magisches Wundermittel benutzt werden;
- dass diese Menschen sich als Opfer von Gottes Willkür erleben.

Die Abhängigen haben häufig ein großes Schamgefühl. Sie meinen, nicht gut genug zu sein und vieles falsch zu machen. Nicht selten verfolgen sie kompromisslos Haltungen und verurteilen andere Christen, die ihre Glaubenslehren nicht bejahen.

Ohne sich dessen bewusst zu werden, entfernen sie sich von der realen Welt, isolieren sich und erleben, dass viele persönliche Beziehungen zerbrechen. Etliche haben das Gefühl, auserwählt zu sein und beanspruchen für sich, persönliche Botschaften direkt von Gott zu erhalten.

Religiöse Abhängigkeit liegt vor, wenn der Glaube quasi als Nuckelflasche benutzt wird, die tröstet und ruhig stellt. Wenn es stimmt, dass alle Süchte aus Schmerz entstehen, wird verständlich, dass der Mensch alles daransetzt, diesem Schmerz zu entfliehen.

Was aber ist der Unterschied zwischen einem gesunden und einem ungesunden Glauben, zwischen normaler und krankhafter Abhängigkeit?

Krankhafte Abhängigkeit beinhaltet Angst. Wenn das Glaubensleben eines gesunden Christen angefochten wird, reagiert er gelassen. Wird dagegen das Glaubensleben des krankhaft Abhängigen in Frage gestellt, reagiert er mit großer Angst und mit Wut. Ein gesunder Glaube wirkt befreiend, ein krankhafter dagegen weckt enorme Angst, Gereiztheit und schlechte Laune.

Wo wird Macht im Glaubensleben sichtbar?

Gläubige, die Kritik üben, die zweifeln und unangenehme Fragen stellen, hören vielleicht, dass der Teufel in ihrem Leben am Werk sei.

Wer sich einschüchtern lässt, wer sich anderen Menschen gegenüber zum christlichen Sklaven macht, wer sich in hohem Grade als ungehorsam erlebt, wer eine Gedankenkontrolle zulässt, wer nicht mehr Herr im eigenen Hause ist, den haben Macht und Kontrolle im Griff.

Immer wieder haben berühmte Prediger versucht, ihre Anhänger zu erpressen und zu manipulieren. Ein Beispiel ist der berühmt-berüchtigte amerikanische Fernsehprediger Oral Roberts. Er hatte behauptet, dass Gott ihn zu sich rufen würde, falls seine Anhänger nicht mehrere Millionen Dollar spenden würden. Leo Booth schreibt über diesen Fall:

»Als die Berichte der Medien über die internen Machtkämpfe jedoch das gesamte Ausmaß der Tragödie religiöser Abhängigkeit und religiösen Missbrauchs aufdeckten, schlug die anfängliche Faszination in Entsetzen um, und die Belustigung verwandelte sich in tiefe Empörung. Diese vermeintlichen Männer Gottes hatten das Vertrauen der Menschen betrogen. Sie hatten den heiligen Glauben zum Gespött gemacht. Dennoch schienen sich viele von denen, die missbraucht, betrogen und in den Bankrott getrieben worden waren, niemals zu fragen, was da eigentlich vorging. Sie blieben ihrem Prediger treu. Wieso konnten sie den Missbrauch nicht sehen?«[1]

Sie konnten ihn nicht erkennen, weil sie in ihrem Urteil nicht mehr frei waren. Sie waren abhängig geworden. Sie glaubten blindlings, aber nicht dem lebendigen Gott, sondern einem Menschen, der sie missbrauchen und ausbeuten konnte.

Welche Menschen sind besonders anfällig?

Ein Symptom, das geistliche Abhängigkeit besonders verdeutlicht, ist das Schwarz-Weiß-Denken. Menschen, die ein solches haben, sehen das Leben nur in Extremen:

- richtig oder falsch,
- gut oder böse,
- erlöst oder sündig,
- gerettet oder verloren.

In der Tat drückt die Bibel diese Extreme ernsthaft und unmissverständlich aus. Sie will jedoch nicht verharmlosen und auch niemanden in seelische Qualen stürzen. Schwarz-Weiß-Denker aber sind unglücklich. Sie kennen keine Zwischennoten, sehen keine grauen Bereiche. Das Bedürfnis nach Ordnung, nach Perfektion und Kontrolle ist übermächtig in ihnen. Alles, was nicht schwarz oder weiß ist, verwirrt und wird abgelehnt.

Aus Angst brechen diese Menschen alle Kontakte mit Toleranten, Großzügigen, Fremdgläubigen, Nichtchristen und dem Glauben Fernstehenden ab. Sie fürchten um ihr eigenes Seelenheil. Unsicherheit und Angst lähmen ihre Aktivität. Sie sind ständig bemüht, die kleinsten Fehler zu vermeiden. Da das Leben aber ständig Situationen bietet, die nicht eindeutig weiß oder schwarz sind, leiden diese Menschen unsäglich. Oft haben sie das Gefühl, ihr Leben sei völlig außer Kontrolle geraten. Und das Schlimmste: Sie sind aus diesem Grund Menschen ausgeliefert, die ihnen im Namen Jesu perfekte Schwarz-Weiß-Antworten liefern. Sie brauchen die Bestätigung, absolut richtig zu handeln, zu denken und zu glauben.

Wen wundert es da, dass

- sie *manipuliert* werden,
- sie *majorisiert* werden,
- sie *missbraucht* werden.

Eine andere Gruppe, die gefährdet ist, sind die Menschen,

- die nicht an sich glauben,
- die sich wertlos fühlen,
- die unter Unzulänglichkeiten leiden.

Sie fühlen sich nicht ernst genommen, sondern übersehen und missachtet. Pausenlos haben sie das Gefühl, Versager zu sein.

Was sind die Folgen solcher überstarken Selbstwertstörungen?

- Die Betroffenen wollen allen Menschen gefallen,
- sie buhlen um das Wohlwollen der anderen,
- sie sind immer auf der Suche nach Bestätigung.

Für solche Menschen ist die Gefahr groß, dass sie in die Hände von Machtmenschen geraten. Da sie sich klein und unbedeutend fühlen, können sie nicht widersprechen. Alles, was die anderen sagen, ist für sie das reine Evangelium. Dem Verführer – auch dem religiösen Verführer – stehen dadurch natürlich Tür und Tor offen. Diese Menschen werden aufgewertet, wenn sie sich total unterwerfen. Wer sich für wertlos und unbedeutend hält, verkennt seine Gaben, die Gott ihm geschenkt hat. Er ordnet sich unter, geht den Weg des geringsten Widerstandes, um so sein Lebensrecht zu demonstrieren.

Wie kann eine falsche Verkündigung krank machen?

Noch vor Jahren sprach man von so genannten »ekklesiogenen Neurosen«, also von seelischen Störungen, die durch die *ekklesia* – damit ist die Kirche gemeint – verursacht werden. Ich halte den Begriff für falsch, denn die *ekklesia* kann nicht krank machen. Was krank machen kann, ist eine problematische und abhängig machende Verkündigung.

Es ist unbestreitbar, dass es ungezählte Christen gibt, die seelisch gestört oder krank sind. Sie leiden an sich, an der sichtbaren Kirche und am Glauben. Eine missverständliche Verkündigung und eine schwierige Sozialisation haben sie aus dem Gleichgewicht geworfen. Sie sind hoch sensibel und hören viele Botschaften verzerrt.

Zu so beschaffenen seelischen Störungen gehören:

- menschliche Fehlhaltungen,
- falsche Erlebnisverarbeitungen,
- Selbsttäuschungen über die Wirklichkeit,
- verzerrte Weltbildvorstellungen und
- krankhafte Reaktionen auf gewollte oder ungewollte Machtausübung.

Es ist unverkennbar, dass viele Schwierigkeiten mit Glaubensfragen zu tun haben, die jene Betroffenen

- falsch gehört,
- falsch gedeutet,
- falsch gelebt haben.

Glaubensfehlhaltungen sind das Ergebnis eines komplizierten Zusammenspiels von Eltern, Umständen, Persönlichkeitseigenarten, Erziehungsstilen und sozialen Faktoren. Je sensibler und störanfälliger die Betroffenen sind, desto leichter werden sie zu Opfern von starken Persönlichkeiten, die ungewollt – oder auch gewollt – majorisieren. Unterwürfig und gehorsam hören sie die Botschaft und praktizieren ein verkrampftes und verzerrtes Glaubensleben.

Mit dem Sündenfall und der Vertreibung aus dem Paradies wurde dem Menschen eine Welt mit Dornen und Disteln beschert. Sünde, psychische Störungen und krankhafte Abhängigkeiten gehören fortan zum menschlichen Alltag. Mit dem Sündenfall haben alle Beziehungen einen Knacks bekommen.

- Die Beziehungen des Menschen *zu Gott* sind gestört,
- die Beziehungen *zum Mitmenschen* sind gestört,
- die Beziehungen *zu sich selbst* sind gestört.

Wie wirkt sich eine gesetzliche Atmosphäre aus?

In bestimmten Familien wird das Klima von Nörgeleien und Gesetzlichkeit bestimmt. Die Eltern sind Christen und Perfektionisten, der Glaube beinhaltet für sie eine hohe Verpflichtung, aber keine Freude und keine Befreiung. Das Grundlebensgefühl wird durch Zäune, Mauern und Gitter bestimmt.

- Eltern und Großeltern leben von *Verordnungen,*
- Eltern und Großeltern erlassen *Gebote und Verbote,*
- Eltern und Großeltern erwarten *Pflichten,*
- Eltern und Großeltern stellen *Gesetze* vor die Liebe.

Die gesamte Atmosphäre ist sündenorientiert. Fehler, Defizite und Schwächen werden sofort artikuliert und beherrschen das Denken. Freude und Fröhlichkeit werden klein geschrieben, weil die Verantwortlichen fehlerorientiert sind.

Was können die Folgen sein?

- Kinder und spätere Erwachsene werden von Ängsten und Befürchtungen heimgesucht. Viele sind lebensuntüchtig, beziehungs- und arbeitsunfähig. Sie blockieren sich selbst. Freiheit und Lebensfreude wurden bei ihnen beschnitten.
- Kinder werden durch Regeln, Gebote und Verbote gegängelt. Eltern und Erzieher üben eine große Macht aus, die ihnen angeblich von Gott übertragen wurde.
- Als Erwachsene landen sie später in gesetzlichen Gemeinden, die durch Einhaltung von Normen und festen Maßstäben bestimmt sind.
- Eltern, Erzieher und Gemeinden mit stark gesetzlicher Struktur verkörpern bewusst oder unbewusst das Machtprinzip. Mithilfe ihrer Perfektion und von Kontrollen üben sie ihre Herrschaft aus.

Welche Gründe und Motive fördern Glaubensfehlformen?

Eine problematische Erziehung fördert problematische Gewohnheiten.

- *Gewohnheiten* sind erlernte Schemata des Denkens, Fühlens und Handelns.
- *Gewohnheiten* sind positive oder psychisch belastende Verhaltensweisen, die der Mensch trainiert hat. Wer gelernt hat, immer den unteren Weg zu gehen, vermeidet es, Verantwortung zu übernehmen und selber Entscheidungen zu treffen. Er lässt sich gern führen und bestimmen und ist der geborene Untergebene.
- *Gewohnheiten* können zu Wiederholungszwängen werden. Ein Wiederholungszwang kann beinhalten, dass man sich gedrängt fühlt, Schwachen und Unsicheren beizustehen, die aber dadurch gehindert werden, selbstständig und mit Selbstvertrauen ihr Leben eigenmächtig in die Hand zu nehmen.

Schauen wir uns einige Gefährdete an:

Der *Abhängige,* der unter Selbstwertstörungen leidet, der Problemen ausweicht, flieht in Drogen und Alkohol. Drogen und Alkohol sollen ihn stärken, ihm Trost geben und ihn selbstbewusst erscheinen lassen. Im Grunde ist der Süchtige ein Schwacher, der einen Beistand und Betreuer braucht. Der christliche Glaube wird für den Abhängigen zur Hilfe, um aus der Sucht und aus der Schwäche herauszukommen. Um dem Leben gewachsen zu sein, unterwirft er sich gern einem glaubensstarken Menschen, der alle Schritte in seinem Leben für ihn bestimmt.

Der *Angstkranke* hat sich angewöhnt, mit extremer Angst vor der Front des Lebens davonzulaufen. Er braucht den Helfer, den Starken und Überlegenen, der ihm beisteht. Durchschaut der Mächtige das ungleiche Zusammenspiel nicht, gerät der Ängstliche in völlige Abhängigkeit vom Mächtigen. Alle Entscheidungen erwartet er vom Helfer, alle Probleme lässt er von ihm lösen. So kommt es, dass Seelsorger, die es gut meinen, die aber das Interaktionsspiel nicht durchschauen, Menschen an sich binden, für die es besser wäre, selbstständig durchs Leben zu gehen. Die Folge: Der Angstkranke bleibt hilflos und unmündig, der Schwache klein und verantwortungslos. Die Macht über die Schwachen verführt den Helfer, im Beistehen die Bestätigung für sein eigenes Leben zu finden.

Der *Skrupulöse* ist ein Mensch, der aus Steinchen Felsbrocken macht. Er sieht hinter jedem Busch einen Räuber. Er dramatisiert. Vielleicht bringt er eine gewisse Sensibilität mit. Er ist krankhaft gewissenhaft. Eltern, christliche Mitarbeiter und Verkündiger können diese Einstellung unbewusst noch verstärken. Der Skrupulöse reagiert hoch empfindlich auf tatsächliche und eingebildete Sünden, häufig auf solche, die er sich bestenfalls gedacht hat oder bei denen er mit dem Gedanken spielt, sie tun zu können. Alle diese unsittlichen Gedanken quälen ihn und rauben ihm das Selbstvertrauen. Sein Selbstwert ist äußerst schwach und er gerät leicht in die Fänge von so genannten starken Mitarbeitern. Immer wieder muss er seine sündigen Gedanken und Fantasien beichten, um Frieden zu bekommen.

Nicht wenige Christen benutzen das Wort Gottes, um Stärke zu demonstrieren. Sie maßen sich eine Vollmacht an, um Menschen in ihren Bann zu ziehen. Sie werden zu »blinden Blindenführern«. Ihre versteckten Motive sind Überlegenheit und Macht. Diese Menschen haben das Bedürfnis, gebraucht zu werden. Da sie gelten wollen, spüren sie nicht, wie sie sich Schwache, Zweifelnde und Selbstwertgestörte untertan machen.

Fragen zur Selbstprüfung

- Erleben Sie als Mitarbeiterin oder als Mitarbeiter in einer Gemeinde, dass sich Menschen an Sie klammern?
- Wie erleben Sie sich selbst, wenn Sie Schwache, Anlehnungsbedürftige und Hilflose begleiten?
- Möchten Sie, dass diese Menschen wirklich selbstständig und mündig werden, oder sind Sie zufrieden, wenn Sie sich weiterhin um sie kümmern müssen?
- Sind Sie in der Ehe und im Beruf ausgefüllt? Fühlen Sie sich im Beruf und im Freundeskreis bestätigt oder suchen Sie eine erfüllende Aufgabe in der Gemeinde?

KAPITEL 11

Allmachtsstreben – der Turmbau zu Babel

»Die Menschen hatten damals noch eine einzige, allen gemeinsame Sprache. Als sie nun von Osten aufbrachen, kamen sie in das Land Schinar und schlugen in der Ebene ihre Zelte auf. Sie sagten zueinander: ›Ans Werk! Wir machen Ziegelsteine!‹ Sie wollten die Ziegel als Bausteine verwenden und Asphalt als Mörtel. Sie sagten: ›Ans Werk! Wir bauen uns eine Stadt mit einem Turm, der bis in den Himmel reicht! Dann werden wir in aller Welt berühmt. Dieser Bau wird uns zusammenhalten, sodass wir nicht über die ganze Erde zerstreut werden.‹

Der Herr kam vom Himmel herab, um die Stadt und den Turm anzusehen, die sie bauten. Denn er sagte sich: ›Wohin wird das noch führen? Sie sind ein einziges Volk und sprechen alle dieselbe Sprache. Wenn sie diesen Bau vollenden, wird ihnen nichts mehr unmöglich sein. Sie werden alles ausführen, was ihnen in den Sinn kommt. Ans Werk! Wir steigen hinab und verwirren ihre Sprache, damit keiner mehr den anderen versteht!‹

So zerstreute sie der Herr über die ganze Erde und sie mussten ihre Pläne aufgeben. Darum wird diese Stadt Babel genannt, denn dort hat der Herr die Sprache der Menschen verwirrt und von dort aus die Menschheit über die ganze Erde verstreut.« (1. Mose 11, 1–9)

Gott hat dem Menschen bei seiner Erschaffung eine großartige Aufgabe gegeben: »Macht euch die Erde untertan!« Er wollte ihn ermutigen, in seinem Namen und als sein Stellvertreter die Schöpfung zu bearbeiten und zu gestalten.

Aber der Teufel hatte ihm einen Floh ins Ohr gesetzt: »Ihr

werdet sein wie Gott!« Macht über die Erde zu haben, ist ein schönes Gefühl, aber wo bleibt der Himmel? Stellvertreterfunktion auszuüben, ist schon imponierend, aber warum nicht gleich seinen Stuhl beanspruchen?

Während ich an diesem Text arbeite, lese ich in einer Zeitschrift die Überschrift: »Entrückt zum Weltenlenker«. Es geht um den Film »*Bruce allmächtig*«. Superhelden sind heutzutage wieder gefragt. Ob sie X-Men heißen, Hulk oder Terminator, sie alle wollen die Masse überflügeln. Bruce ergeht es in dem Film »*Bruce allmächtig*« ähnlich. In einer Krisensituation, wo er vor den Trümmern seiner Arbeit steht, fängt er an zu fluchen und zu beten. Und Gott entrückt ihn in den siebten Himmel und befördert ihn zum Weltenlenker.

Gott hat die geheimen Wünsche des Menschen erkannt. Von damals, der Zeit des Turmbaus zu Babel, bis heute hat sich in den Köpfen der Menschen nicht viel geändert. Sie wollen groß und allmächtig sein.

Bruce kehrt auf die Erde zurück und lässt dort seine Omnipotenz spielen. Der Allmächtige erfüllt sich seine geheimsten Sehnsüchte. Aber an den Gebeten von Millionen gläubiger Menschen scheitert er und stürzt die Welt in ein Chaos. »Bruce allmächtig« wird wieder Mensch und menschlich.

Die Versuchung zum Gottähnlichkeitsstreben und die Sehnsucht, allmächtig zu sein, liegt den Menschen seit dem Sündenfall im Blut.

Die Geschichte vom Turmbau zu Babel, die in der frühen Menschheitsgeschichte spielt, ist ein klassisches Beispiel für ein grandioses Allmachtsstreben des Menschen. Am Schluss backen sie – wie »Bruce allmächtig« – bescheidene Brötchen und werden in alle Länder zerstreut.

Ursprünglich war Harmonie in der Welt

Die Bibel kommentiert es so: »*Als die Menschheit begann, hatte sie nur eine Sprache und einen gemeinsamen Wortschatz.*« (1. Mose 11, 1)

Das Verbindende war stärker als das Trennende, die Einheit größer als die Kluft. Die Ur-kunde, die Kunde von der Urzeit, klingt heutzutage wie ein Märchen aus 1001 Nacht, wenn wir in unsere zerrissene, zerstrittene und verfeindete Welt schauen.

Doch dann erfuhr diese harmonische Welt einen Riesenknacks.

Des Menschen Hochmut, seine Überheblichkeit, seine Eigenmächtigkeit und sein Allmachtsstreben spielten ihm wieder einmal einen Streich. Mit dem Sündenfall, mit der Entfremdung von Gott, mit dem So-sein-wollen-wie-Gott, mit dem So-mächtig-sein-wollen-wie-Gott, begann das Dilemma.

Zwei Zielverfehlungen des Menschen sind es, die Unglück und Zerrissenheit heraufbeschworen haben.

Zielverfehlung 1: Der Mensch will die Oberherrschaft Gottes aufkündigen

Der Mensch will selbst Herr sein. »*Wohlauf, lasst uns einen Turm bauen, dessen Spitze bis in den Himmel reicht.*« Der Mensch will die grenzenlose Freiheit. Er will tun und lassen können, was er will, die totale Emanzipation. Er kann Atome spalten, kann zum Mond und zum Mars fliegen. Er kann Tiere klonen, will Menschen klonen und den Schöpfer der Welt aufs Abstellgleis schieben.

Zielverfehlung 2: Der Mensch will sich verewigen

»*... damit wir uns einen Namen machen.*« Wer Gottes Namen missachtet, will umso mehr seinen eigenen Namen ins Spiel bringen. Er will Machtzentren und Kulturdenkmäler von Ewigkeitsdauer bauen. Der Mensch will sich verewigen.

Die Menschen haben den Himmel evakuiert und wollen selbst das Vakuum füllen. Aber den Babyloniern, den Amerikanern und uns ist das Triumphgeheul abhanden gekommen. *»Aber der im Himmel wohnt, lachet ihrer, und der Herr spottet ihrer.«*

Menschen wollen sich einen Namen machen

Das ist ebenfalls ein Gedanke, der sich durch die gesamte Weltgeschichte zieht. Viele Baudenkmäler, Kirchen, Städte, Brücken, Türme usw. sind mit dem Namen ihrer Erbauer verbunden. Könige und Kaiser, Reiche und Mächtige haben versucht, sich in Baudenkmälern zu verewigen. Menschen und Völker sollen sagen: »Sie bauten für die Ewigkeit.« Aber: Beispielsweise wollte Adolf Hitler der Weltgeschichte mit seinem Namen einen Stempel aufdrücken. Sein »Tausendjähriges Reich« dauerte jedoch lediglich lächerliche zwölf Jahre.

Städte, die mit den Namen blutrünstiger Diktatoren verbunden sind und somit an das Leid von unzähligen Toten erinnern, stehen im Buch der Geschichte. Wir denken an Stalingrad und Petersburg.

Der Theologe Hansjörg Bräumer schreibt:

»Der Bau von Stadt und Turm sind nicht zwei voneinander unabhängige Unternehmungen. Zu einer Stadt gehören als Befestigung Mauern und ein Turm als Befestigungsanlage. Stadt und Turm bilden zusammen eine Einheit. ... Das erklärte Ziel der Völker in der Urzeit war, etwas zu schaffen, das ihnen Ruhm einbringen und sie vor der Zerstörung bewahren sollte. Die Völker wollen zusammenbleiben ... Auch der Bau der Stadt soll dafür sorgen, den Namen der Nachwelt zu erhalten. Städte wurden nach Königen genannt, damit deren Namen weiterlebten: Davidstadt, Ramsesstadt, Alexandria, Konstantinopel und viele andere mehr.«[1]

Schon der Schweizer Reformator Calvin schrieb, dass der Hochmut des Menschen sich nicht um den Himmel kümmert, um auf der Erde, wo alles vergänglich ist, Unsterblichkeit zu erlangen.

Die himmelstürmende Gigantomanie des Menschen aber, die in Babel einen Turm bauen wollte, »der bis in den Himmel reicht« – das imposante Bauwerk soll immerhin über neunzig Meter hoch gewesen sein, also für die damalige Zeit durchaus ein Weltwunder –, ruft den lebendigen Gott auf den Plan. Die Rebellion gegen Gott ist die Versuchung des Menschen, schon seit dem Sündenfall.

»Da fuhr der Herr hernieder«

Der 11. September 2001 ist den Amerikanern und den Menschen weltweit zu einer Parabel ihrer Machtlosigkeit geworden. Die Zwillingstürme des World-Trade-Centers, die als gigantische Bauwerke die geniale Baukunst des Menschen demonstrierten, fielen durch einen brutalen kriminellen Akt zerfetzt in sich zusammen. Das Macht- und Allmachtsstreben des Menschen erfuhr hier eine bittere Niederlage.

Auch wenn der Vergleich hinkt und in keiner Weise etwas beschönigen soll: Den Menschen in Babel erging es vor einigen tausend Jahren sicher nicht anders. Professor Thielicke, der ehemalige Hamburger Theologe, beschrieb diesen Vorgang in seiner unnachahmlichen Deutung:

»In diesem Augenblick nun, wo der babylonische Turm fertig ist, bricht in dieser Bibel zum ersten Mal so etwas wie ein Anflug von Humor durch, und ich kann das nur mit einem gewissen christlichen Vergnügen sichtbar machen: Gott der Herr hat es nämlich spitz bekommen, dass die Menschen ihm auf den Leib zu rücken gedenken und seinen Thron besetzen wollen. Und nun kommt's: Da fuhr der Herr hernieder ... Ob wir das Gelächter aus diesen Zeilen

heraus spüren? ... So berät er sich denn mit seinem himmlischen Königshof und fasst den Entschluss, sich extra hinunter zu bemühen, um eine Lokalinspektion auf Erden vorzunehmen.

Wenn das keine Ironie ist, dann weiß ich nicht, was überhaupt Ironie sein soll. Die Menschen haben doch gemeint, so riesig gebaut zu haben, dass Gott der Atemraum zu eng würde und ihm die Luft wegbliebe.«[2]

Das Herabfahren Gottes ist die Gegenbewegung zum Bestreben, einen Bau zu errichten, der bis hoch in den Himmel reicht. Gott lässt sich herab – wir spüren die Doppelbedeutung –, um sich die Machtspielchen des Menschen anzuschauen. Dieses Herabsteigen ist eine bildhafte Umschreibung seines Eingreifens. Was hat Gott vor?

»Ich will ihre Sprache verwirren, damit einer den anderen nicht mehr hören kann. So zerstreute sie Jahwe von dort über die ganze Erde, und sie mussten den Bau der Stadt aufgeben.« (1. Mose 11, 7–8)

Was ist unter dieser Zerstreuung zu verstehen? Dr. Bräumer gibt dafür eine eigenwillige Erklärung:

»Die Zerstreuung bewahrte die Menschheit vor den letzten Konsequenzen ihrer Rebellion gegen Gott. Die Antwort Gottes auf die Maßlosigkeit eines vollendeten Turmbaus hätte nur die völlige Zerstörung sein können. Mit der Zerstreuung gab Gott dem Menschen noch einmal eine neue Daseinsform, in der er leben konnte. Gott bewahrte den Menschen davor, sich selbst an Gottes Stelle zu setzen, er bewahrte ihn vor dem letzten Schritt der Rebellion. Die Zerstreuung der Menschheit war nicht nur eine Strafe, sondern auch ›Wohltat‹, eine Schranke für die Selbstsucht des Menschen.«[3]

»Der tolle Mensch«

Der Philosoph Friedrich Nietzsche hat schon im vorigen Jahrhundert einen Abschnitt in seinen Veröffentlichungen mit den Worten überschrieben: »Der tolle Mensch«.

Dieser tollwütige Machtmensch entzündet am hellen Vormittag eine Laterne und sucht nach Gott. Schließlich stellt er voller Schrecken fest, dass Gott tot ist. »Wir haben ihn getötet«, schreit er.

Nietzsche formuliert wörtlich:

»Das Heiligste und Mächtigste, was die Welt bisher besaß, ist unter unseren Messern verblutet – wer wischt dieses Blut von uns ab? Mit welchem Wasser können wir uns reinigen? ... Ist nicht die Größe dieser Tat zu groß für uns? Müssen wir nicht selbst zu Göttern werden, um uns ihrer würdig zu erweisen?«

Menschen setzen sich an die Stelle Gottes. Sie werden zu Machern. So wollen sie dem Schöpfer die Schöpferrolle entreißen.

Das Heiligste und Mächtigste lassen wir unter unseren Messern verbluten. Das leidenschaftliche Begehren, sich an die Stelle Gottes zu setzen, ist seit dem Sündenfall im Paradies durch die Jahrhunderte in den Menschen lebendig geblieben.

Das Allmachtsdenken liegt uns im Blut. Warum fasziniert die Kinder die Zauberkraft eines Harry Potter? Sie wollen übermächtig sein, stärker als die übrige große Masse, und wollen Wunder vollbringen, die dem allmächtigen Gott den Rang ablaufen.

Wir identifizieren uns mit Größen, mit Macht und Machtstrukturen. Warum veranstaltete Hitler im Dritten Reich seine gewaltigen Aufmärsche und trommelte die Massen zusammen? Aus welchem Grund veranstalten Christen immer wieder Großkundgebungen?

Wir befriedigen unser Machtstreben, weil wir uns in der Masse stark und mächtig erleben. Niemand will klein und schwach sein. Niemand will sich als kosmisches Waisenkind fühlen und als Staubkorn am Rande des Universums erleben. Schon der kleine Junge posaunt es der Familie lautstark ins Ohr: »Wartet nur, wenn ich erst groß bin!« Die Worte »höher«, »schneller«, »besser«, »größer« sind Lieblingsvokabeln der Werbewirtschaft. Kleine und Große lassen sich anstecken, Kleine und Große lassen sich verführen. Das Machtstreben ist unausrottbar.

Steckt in uns ein Turmbauer?

Während meiner Tätigkeit als Generalsekretär des CVJM in Hamburg hatte ich einen Mann zu betreuen, der lange im Gefängnis gesessen hatte. Ihm war eine großartige Erfindung gelungen, mit der er bekannt und berühmt werden wollte. Es handelte sich um ein Haarwuchsmittel, das den Markt revolutionieren sollte. Diesem Mittel hatte er seinen Namen gegeben und er suchte nach einem Geldgeber für das ehrgeizige Projekt. Als er die finanzielle Unterstützung nicht bekam – er hatte selbst schon viel Geld in die Forschung und die Herstellung gesteckt –, beging er einen schweren Einbruch, bei dem er gefasst wurde. Er hatte seinen Namen schon in allen Friseurgeschäften und Drogerien gesehen. Er hatte sich einen Namen machen wollen und einen unrealistischen Turm gebaut.

Was ich damit sagen will: In vielen von uns steckt ein Turmbauer, der aus eigener Kraft seine Kunst und Macht demonstrieren möchte. In vielen von uns steckt ein Himmelsstürmer, der sich einen Namen machen will. In jedem von uns steckt ein Gernegroß, der seine Tüchtigkeit beweisen will und muss.

Das berühmte »Guinnessbuch der Rekorde« reizt Unzählige zu dem Versuch, sich hier durch einen Eintrag einen Namen zu machen. Immer wieder rackern sich Sportler ab, fordern das Letzte von sich und trainieren hart, um die begehrte Siegertreppe zu besteigen.

Warum liegen Risikosportarten dermaßen im Trend? Was haben Menschen davon, sich auf lebensgefährliche Abenteuer einzulassen? Menschen stürzen sich in Fallschirmen von Hochhäusern, Brücken oder Staudämmen. Sie absolvieren Wüstenmarathons, surfen auf haushohen Wellen und setzen sich mit Gleitschirmen gefährlichen Winden aus. Bergsteiger setzen ihr Leben aufs Spiel, um die höchsten Berge der Erde zu bewältigen. Formel-1-Piloten rasen wie Besessene um Kurven, kämpfen um Bruchteile von Sekunden, um gemeinsam mit ihren Rennställen ihre Überlegenheit und Macht zu demonstrieren.

Warum setzen Menschen bewusst ihr Leben aufs Spiel? Welcher Sinn steckt hinter ihrem Handeln?

Extremsportler suchen nicht ihren eigenen Untergang, wenn sie sich im Rahmen ihrer Ausbruchsversuche auf gefährliche Situationen einlassen. Ein Professor für Sportwissenschaft gibt folgende Erklärung:

»Der herausfordernd zur Schau gestellte Aktivismus dient nicht allein dem Kick gegen die allgegenwärtige Langeweile, sondern auch der Selbstermächtigung des modernen Subjekts. Dieser ›Wille zur Macht‹, wie Nietzsche ihn nannte, hängt offenbar mit unseren alltäglichen Nichtigkeitserfahrungen zusammen.«[4]

Immer wieder begegnet uns dieser »Wille zur Macht«. Der Mensch will sein wie Gott. Nichts soll ihm unmöglich sein. Wenigstens hier, auf dieser Welt, will er seine Macht beweisen. Als Leitbilder für selbstbestimmendes Handeln können Extremsportler zu Helden avancieren. Sie riskieren ihr Leben, weil ihnen Ruhm und Macht wichtiger sind.

Die babylonischen Türme haben viele Gesichter. Egal, ob sie

- von wissenschaftlicher,
- von technischer,
- von politischer,
- von künstlerischer oder auch
- von religiöser Machart sind,

sie werden zu elenden Ruinen, wenn sie lediglich die eigenen Namen und die eigene Leistung verewigen sollen.

Wir müssen nicht hoch hinauf, denn Gott ist in Christus zu uns herabgestiegen.

»*Er erniedrigte sich selbst und war gehorsam bis zum Tod, ja, bis zum Tode am Kreuz. Darum hat Gott ihn erhöht und hat ihm einen Namen gegeben, der über alle Namen ist, dass in dem Namen Jesu sich beugen sollen aller Knie.*« (Philipper 2, 2)

- Es geht nicht um meinen Namen, sondern um seinen Namen,
- es geht nicht um mein Werk, sondern um sein Werk,
- es geht nicht um meine Leistung, sondern um seine Gaben,
- es geht nicht um meine Ehre, sondern um seinen Ruhm.

KAPITEL 12

Wie begegnen wir destruktivem Machtstreben?

Der Verzicht auf Machtkämpfe und autoritäre Methoden in Familie, Ehe, Schule, am Arbeitsplatz und in der Gemeinde ist nicht einfach. Die Versuchung, sich mit Druck, Erpressung, Strafe, Drohungen und vielen anderen Machtmitteln durchzusetzen, ist groß. Allerdings erleben wir überall den direkten und versteckten Widerstand, Trotz, Rebellion, Rache und aggressive Reaktionen, die das Zusammenspiel blockieren.

Welche Erziehungsfehler können Sie vermeiden, um so Machtmuster zu unterbinden? Im Folgenden werden eine Reihe Strategien genannt, die nützlich sind, um sich dem destruktiven Machtstreben entgegenzustellen.

Strategie 1: Wir können unsere Einstellung ändern

Unsere Einstellungen und Verhaltensweisen entspringen unseren tief sitzenden Überzeugungen. Machen wir uns diese Überzeugungen bewusst, können wir sie auch ändern.

Unsere Sprache liefert uns treffende Beweise dafür, was sich im tiefsten Innern abspielt. Wenn wir zu den *reaktiven* Menschen gehören, befreien wir uns schon in der Sprache von der Verantwortung. Wir sagen:

- »So bin ich einfach!«
- »Ich kann nicht aus meiner Haut!«
- »Da kann man nichts machen!«

- »Er macht mich wütend.«
- »Sie hat mich zum Zorn gereizt.«

All diese Aussagen zeigen, dass ich *reaktiv* bin, dass ich reagiere, die Verantwortung dafür aber ablehne. Ich habe die Entscheidungsfreiheit verloren, habe die Verantwortung abgetreten und werde von den Umständen oder anderen Menschen bestimmt. Die anderen zwingen mich zu tun, was ich tue. Ich bin nicht frei, meine eigenen Handlungen zu bestimmen.

Wer so denkt, wer diese Einstellung hat, der wird von Stärkeren, von Machthungrigen untergebuttert.

- Er gibt sich geschlagen, weil er nicht an sich glaubt.
- Er wird überfahren, weil er sein Selbstvertrauen beiseite gelegt hat.
- Er wird fremdbestimmt, weil er glaubt, nur reagieren zu können.

Was können wir in so einem Fall tun?

Paulus gibt uns im Römerbrief einen konkreten Hinweis: »*Passt euch nicht den Maßstäben dieser Welt an. Lasst euch vielmehr von Gott umwandeln. Lasst euch eine neue Gesinnung schenken. Dann könnt ihr erkennen, was Gott von euch will.*« (Römer 12, 2)

In vier Sätzen versucht der Apostel, uns das Rückgrat zu stärken. Wer diese vier Sätze ernst nimmt, wird eine neue Einstellung gewinnen. Und er wird seine Sprache verändern.

Was sagt uns Paulus nun konkret in dieser Bibelstelle?

Satz 1: Passt euch nicht den Maßstäben dieser Welt an!
Auf unser Thema bezogen, bedeutet das: Wer dem Ratschlag der Welt vertraut, dass er nicht aus seiner Haut kann, sondern vielmehr den Gesetzen seiner Gene und seiner Veranlagung gehorchen muss, der blockiert sich selbst, der kann auch nicht

aus seiner Haut. Er vertraut diesem Gesetz, das Macht über den Menschen ausübt.

Satz 2: Lasst euch vielmehr von Gott umwandeln!
Wer der Macht und der Kraft Gottes vertraut, wird sich verändern können. Wer eher seinen Zweifeln und seinen Gefühlen vertraut, wird bleiben, wie er ist. Der Glaube versetzt Berge, der Glaube an den lebendigen Gott kann Menschen völlig umwandeln.

Satz 3: Lasst euch eine neue Gesinnung schenken!
Wer Satz 2 glauben kann, wer sich auf Gott verlässt, der wird erleben, dass Gott ihm eine neue Gesinnung schenkt, eine neue Einstellung, eine neue Überzeugung. Er wird nicht mehr *reaktiv*, sondern *aktiv* handeln. Er tritt den Mächtigen und Machtbesessenen mit Gottes Übermacht entgegen.

Satz 4: Dann könnt ihr erkennen, was Gott will!
Dann verlassen wir uns nicht mehr auf unsere »innere Stimme«, dann verlassen wir uns nicht mehr auf unsere Gefühle, dann vertrauen wir Gott mehr als unseren Ängsten und Zweifeln. Wir vertrauen seiner Macht, begegnen den Mächtigen selbstbewusst und haben seinen Beistand im Rücken.

Strategie 2:
Wir können Machtkonflikte verringern, wenn wir wollen

Zwischenmenschliche Machtspiele können nur verbessert werden, wenn beide Parteien es auch *wollen.* Von selbst lösen sich keine Probleme. Sie können zwar verdrängt und totgeschwiegen werden, aber sie sind nicht begraben oder verschwunden. Sie leben weiter und tyrannisieren die Betroffenen aus dem Untergrund heraus.

Wir können, was wir wollen!
»Ich kann, wenn ich will!« – Diese These entdeckte ich als Titel eines Buches. Ein Psychiater und ein Therapeut geben hierin Anleitung zur Selbsthilfe. Der Buchtitel ist übrigens grafisch geschickt aufgemacht. Da heißt es:

> **Ich** kann, wenn ich will;
> ich **kann**, wenn ich will;
> ich kann, **wenn** ich will;
> ich kann, wenn **ich** will;
> ich kann, wenn ich **will.**

Ein Mensch, der nicht *will,* findet tausend Ausreden, um nicht zu *müssen.* Er sagt, dass er nicht *kann.* Er glaubt auch wirklich, dass er nicht fähig ist. Dieses Nicht-können-Wollen verläuft unbewusst. Dieser Mensch braucht eine glaubhafte Ausrede für sich, um nicht zu müssen.

Wie aber hängen Können und Wollen zusammen? Wer nicht kann, versteckt sich hinter unüberwindlichen Schwierigkeiten, die er sich aufbaut. Ich kann nicht,

- weil die Erbanlagen schuld sind,
- weil die Eltern schuld sind,
- weil die eheliche Situation völlig verfahren ist.

Menschen, die nicht können, trauen sich auch nichts zu. Sie schieben Entschuldigungen vor sich her und wollen keine Opfer für Veränderungen bringen.

Aber selbst, wenn wir uns mit Pessimismus vollgesogen haben, wenn der Glaube an die eigenen Fähigkeiten gering ist, können wir uns erfolgreich verändern,

- wenn wir *wollen,*
- wenn wir *beginnen,*

- wenn wir einen unangenehmen Fehler *in Angriff nehmen.*

Wer ernsthaft will, der wird konsequent mit Veränderungen in seinem Leben beginnen. Der Erfolg wird ihn ermutigen. Ist er von der Richtigkeit der Veränderung überzeugt, kann er um die Kraft Gottes bitten. Er hat Hoffnung und wird nicht vom Zweifel zerfressen, der die Veränderung blockiert.

Wollen die Eheleute wirklich? –
Ein Beispiel aus meiner Praxis
Frau Röder und Herr Röder sind bewusste Christen. Sie gehen regelmäßig zum Gottesdienst und lesen täglich in ihrer Bibel. Aber beide sind so eigenwillig, dass ihre Ehe ein unfruchtbares Nebeneinander und kein konstruktives Miteinander darstellt. Sie gehen sich aus dem Wege und vermeiden harte Zusammenstöße. Beide bekämpfen sich nicht und werfen sich auch keine Bosheiten an den Kopf. Nach außen hin scheint alles in Ordnung und die Gemeindeglieder wissen nicht, dass es bei ihnen erheblich kriselt.

Ich frage beide, was sie bisher getan haben, um diesen Zustand zu ändern.

Er antwortet arglos: »Wir haben gebetet, Gott möge unsere Kampfehe retten.«

Ich: »Haben Sie zusammen gebetet und das Problem vor Gott gebracht?«

Sie: »Nein, wir beten nicht mehr gemeinsam. Unsere Spannungen sind so groß. Aber ich weiß, dass jeder von uns diesen Machtkampf täglich im Gebet anspricht.«

Ich: »Wenn Sie erlauben, würde ich gern wissen, wie Sie das Gebet formulieren.«

Beide schauen sich an und der Mann ergreift das Wort: »Ja, ich kann das offen sagen. Christen haben schließlich nichts zu verbergen. Ich bete sinngemäß so: ›Herr, du siehst unsere Ehe.

Wir können nicht mehr harmonisch miteinander umgehen. Hilf, dass alles so wird, wie du es haben willst.‹«

Ich: »Frau Röder, ist es unangemessen, wenn ich Sie ebenfalls frage, was Sie täglich beten?«

Sie: »Ich stelle fest, ich bete ähnlich: ›Herr, du kennst unsere Probleme am besten. Vergib uns unsere Schuld! Wir wollen deine Kinder sein, mache unsere Partnerschaft wieder neu!‹ So, oder ähnlich.«

Ich: »Und was haben Sie sonst noch unternommen?«

Beide schweigen.

Was macht das Ehepaar Röder falsch?

1. Sie beten und legen dann die Hände in den Schoß.
Sie erwarten, dass Gott ihnen eine neue, harmonische Ehe schenkt, ohne dass beide an sich arbeiten und sich verändern. Gott tut Wunder, aber eine erneuerte Ehe braucht auch erneuerte Partner. Beide wissen, dass ein versteckter Machtkampf die Partnerschaft heimgesucht hat. Warum nehmen sie diesen Kampf also nicht konkret ins Gebet? Warum sprechen sie nicht über den Machtanspruch, den sie beide praktizieren?

2. Sie beten um Vergebung ohne Schuldbekenntnis.
Beide beten um Vergebung, denken aber nicht über ihre Sünde nach. Sie gehen davon aus, dass Gott alles weiß und ihnen das Nachdenken erspart. Mich erinnert das an ein überaus menschliches Verhalten: »Wasch mich, aber mach mich bloß nicht nass!« Sie denken: »Herr, du kannst alles wunderbar verändern, aber wir müssen nichts dabei tun.«

Wie kann eine erneuerte Ehe zustande kommen, wenn nicht beide ihre konkreten Sünden, ihr konkretes Fehlverhalten bekennen und ändern wollen? Wie kann Gott vergeben, wenn bei uns alles beim Alten bleiben soll?

3. Sie können Gott um Schuldeinsicht bitten.

Beide haben den Machtkampf in ihrer Beziehung wenigstens halbwegs erkannt, aber keiner von ihnen will diesen Kampf einstellen. Sie bekämpfen sich nicht laut und lieblos, sondern still und wortlos.

In unseren Gesprächen haben wir vereinbart, das Ehepaar sollte darum bitten, dass Gott ihnen in der »stillen Zeit« Einsicht in ihren destruktiven Umgang miteinander geben möge. Erst wenn beide die ungeistlichen Verhaltensmuster *er*kannt und voreinander und vor Gott *be*kannt haben, wird die Vergebung fruchtbar, eine Veränderung der Ehe wird sichtbar.

Das Ehepaar Röder hatte fast ein Jahr um Gottes Eingreifen gebeten, es hatte sich aber nichts geändert. Beide hatten die Hände in den Schoß gelegt und gehofft, dass Gott wie mit einem Zauberstab ihre Schwierigkeiten wegwischen würde. Erst als beide ihren egoistischen Eigenwillen und ihre ungeistliche Rechthaberei erkannten, voreinander aussprachen und Gott um Vergebung baten, änderte sich das Zusammenleben entscheidend.

4. Beide müssen das Nachgeben lernen.

Als Herr und Frau Röder ihre Schuld erkannt und vor Gott gebeichtet hatten, begann der Alltag, nämlich die Umsetzung in das tägliche Zusammenleben. Beide waren von Hause aus älteste Kinder, die jeweils bestimmten und Verantwortung für ihre Geschwister übernommen hatten. Als Mann und als Frau waren sie starke Persönlichkeiten, die sich an Kleinigkeiten rieben, weil jeder es gewohnt war, den Ton anzugeben, und das letzte Wort behalten wollte.

Dieses Beispiel aus der Praxis der Seelsorge macht deutlich: Einsicht ist ein wichtiger Schritt, aber die Umsetzung in den Alltag braucht Zeit und Geduld. Die alten Muster kommen pausenlos wieder zum Tragen. Stärke und Macht sind zweifellos positive Umgangsmuster. Sie werden allerdings sofort zu Machtkampfmethoden, wenn jeder allein bestimmen will.

Strategie 3:
Wir gehen Konflikten und Machtkämpfen nicht aus dem Weg

Flucht löst keine Probleme. Viele Menschen neigen dazu, Schwierigkeiten

- zu verleugnen,
- zu verdrängen,
- herunterzuspielen und
- unter den Teppich zu kehren.

Selbst überzeugte Christen praktizieren dieses gefährliche Spiel. Sie wollen Frieden haben und decken unterschwellige Machtkämpfe zu. Typische Argumente bei solch einem Verhalten sind beispielsweise:

- »Wenn wir unsere Schwierigkeiten besprechen, wird der Streit nur noch größer.«
- »Wer schweigt, gibt dem anderen keinen Anlass für Streit und Konflikte.«
- »Jesus hat gesagt: ›Wenn dir einer auf die linke Wange schlägt, halt ihm auch die andere hin.‹«

Sie glauben, damit ehrlich und christlich zu handeln. Allerdings übersehen sie, dass Konflikte nicht durch Schweigen und schwebende Machtkämpfe nicht durch Zudecken gelöst werden. Nachgiebigkeit aus Überzeugung ist gut, Nachgiebigkeit aus Schwäche und Angst vor Eskalation aber macht unglücklich. Wer gegen seine Überzeugung Ärger herunterschluckt,

- belastet seine Organe,
- handelt unehrlich gegen den Partner,
- wird bitter,
- kann depressiv werden und
- brütet Rachegedanken aus.

Wie können solche Rachegedanken aussehen? Schauen wir uns dazu einmal einige beliebte Ausweichmanöver und Angriffspunkte in der Ehe an. Das können etwa sein:

- *Er oder sie vertraut sich Eltern oder Schwiegereltern an.* Hinter dem Rücken oder auch in Gegenwart des Partners packt der andere aus. Er beschwert sich, stellt bloß und klagt an.
- *Er oder sie wenden sich den Kindern zu und paktieren gegen den Ehepartner.* Solche Bündnisse liefern neuen Zündstoff und erhöhen die Spannung unter den Eheleuten. Zudem fühlen sich die Kinder belastet, missbraucht und reagieren mit Gewissensbissen.
- *Er oder sie wenden sich einem Geliebten oder einer Geliebten zu.* Nicht etwa, dass die erste Partnerwahl als falsch angesehen wird oder die Ehe als Ergänzungsmuster ein schwerer Irrtum war. Nein, hierbei ist der Ausbruch aus der Ehe ein Racheakt. Der Liebhaber wird als Waffe benutzt. Der Gegentyp, mit dem man sich selbstverständlich hervorragend versteht, ist im Prinzip ein Vorwurf gegen den eigenen Lebensgefährten.
- *Er oder sie wenden sich einem Seelsorger oder einem Berater zu.* Sie offenbaren ihre Ehemisere einem Fachmann. Solche »Hilfe-Schreie« sind nicht selten getarnte Kampfpraktiken, um den Partner zu treffen. Einer verbündet sich mit dem Seelsorger oder Berater gegen den Lebenspartner. Was er an Zuwendung vom Partner nicht bekommen hat, holt er sich Woche für Woche vom

Seelsorger. Leider fallen viele Seelsorger auf solche unglücklichen Menschen herein, weil sie das unehrliche Spiel nicht durchschauen.

Aus dem Wege gehen heißt auch: anderen die Schuld geben. Wir Menschen haben es teuflisch gut gelernt, uns als *Opfer* zu fühlen. Aber, wie schon mehrmals gesagt, nicht die bösen Umstände oder der andere sind schuld, sondern wir selbst tragen ein gutes Teil der Verantwortung. Immer wieder versuchen wir, uns herauszureden, keine Verantwortung zu übernehmen und die Schuld auf andere zu schieben. Wir betrachten uns selbst und kommen zu dem Ergebnis:

- Wir sind Opfer unseres Erbgutes,
- wir sind Opfer unserer Gesellschaft,
- wir sind Opfer unserer Gefühle,
- wir sind Opfer unserer Triebe,
- wir sind Opfer unglücklicher Umstände,
- wir sind Opfer aller möglichen Kräfte.

Wir sind zu Opfern gemacht, wir sind zu Opfern erzogen worden. Mit dieser Einstellung aber überlassen wir anderen die Macht, die dann über uns bestimmen.

Die Bibel formuliert es so: »*Herr, zeige mir den Weg, den ich gehen soll; hilf mir, nach deinem Willen zu leben.*« (Psalm 143, 8 und 10)

Das ist aus seelsorgerlicher Sicht hilfreich:

- Zeige *mir,* was *ich* tun soll!
- Hilf *mir*, wie ich *deinen* Willen befolge!

Strategie 4:
So begegne ich Machtkämpfen am Arbeitsplatz

Es gibt über einhundert verschiedene Machtstrategien, wie ein amerikanischer Managementberater herausgefunden hat. Unterschiedliche Sozialisation und Erziehung bringen völlig unterschiedliche Machtstrategien im Menschen hervor. Jeder benutzt seine Methoden und seine Verhaltensmuster. Darum gibt es auch keine Patentrezepte dafür, wie ein Betroffener dem Machtmenschen erfolgreich begegnen kann.

Zwei unterschiedliche Machtstrukturen

Herr Müller, ein junger Unternehmer, leitet seit fünf Jahren ein Atelier für Kommunikations-Design. Mit einem Partner war er lediglich ein Jahr zusammen. Seine Devise lautet: »Wo zwei einer Meinung sind, ist einer überflüssig!« Darum musste der Partner, im Übrigen ein guter Teamarbeiter, gehen. Herr Müller ist autoritär und ein Machtmensch. Wer ihm »respektlos« begegnet, fliegt. Er weiß: »Werbefachleute gibt es reichlich!« In seinem Büro hängt ein Spruch an der Wand, für jeden Besucher sofort sichtbar: »Positive Vorschläge werden gehört, negative Kritik ist zwecklos!«

Herr Müller hatte einen Stiefvater, der den Jungen nicht mochte und strikten Gehorsam von ihm forderte. Jeder Widerspruch wurde im Keim erstickt. Das hatte zur Folge, dass Müller nur auf seine Stunde wartete. Schon mit 14 Jahren war er »Boss« einer Gang im Stadtteil einer Großstadt. Das Lernen fiel ihm leicht, auch das spätere Studium. Nach dem Examen machte er sich nach zwei Jahren selbstständig, weil er sein eigener Chef sein wollte. Für eine große Autofirma entwarf er – ohne Auftrag – Werbeplakate und flotte Sprüche. Die Autofirma war begeistert und er bekam seinen ersten großen Auftrag.

Herr Schulze ist Chef einer kleinen Firma für Geschenkartikel. Er hat zehn Mitarbeiter in der Fertigung und zwei Angestellte im Büro. Die Firma hat er von seinem Vater, einem engagierten und kreativen Firmengründer, übernommen. Der Vater führte ein strenges Regiment, der Sohn erlebte keine verwöhnende Erziehung. Die Mutter war kränklich und verstand es geschickt, sich mit Schuldgefühlen, die sie ihrem Gatten machte, durchzusetzen. Der Sohn übernahm nach dem Tod des Vaters von diesem die Firma und von der Mutter deren Strategie, die er erfolgreich in seiner Firma anwandte.

Herr Schulze ist kein offensichtlicher Machtmensch, aber er hat sich mit der Firmenübernahme Mitarbeiter ausgesucht, die ihm treu ergeben sind und die er auf subtile Weise führt und leitet. Er praktiziert eine Machtmethode, die darauf basiert, mit Schuldgefühlen, die er den Mitarbeitern macht, seinen Willen durchzusetzen.

Wie kann man Machtmenschen begegnen?

Möglichkeit 1: Ich akzeptiere seine Machtansprüche

- Auch wenn sie – meiner Meinung nach – zu Unrecht bestehen, ich akzeptiere sie dennoch.
- Ich verzichte auf Widerspruch.
- Ich verzichte auf Konflikte.
- Ich gebe nach, weil ich der nachgiebige Typ bin.
- Innere Ruhe und Frieden sind mir wichtiger als Auseinandersetzungen.

Entscheidend für diese Einstellung ist, dass ich selbst keine Machtansprüche habe und eher der angepasste Mensch bin, der so eine Lebenseinstellung bejaht. Menschen mit dieser Einstellung leben nach der biblischen Devise, die sie so verstehen: Schlägt dir einer auf die linke Wange, halte ihm auch die rechte hin.

Möglichkeit 2: Ich überlasse anderen die Verantwortung

- Ich habe Angst vor Fehlern. Ich fürchte mich vor Konsequenzen.
- Ich muss mir niemals den Kopf zerbrechen.
- Ich lebe sorgenfreier, weil ich nicht zur Rechenschaft gezogen werde.
- Ich bin für Fehlentwicklungen und Fehlkalkulationen nicht zuständig.
- Ich bin ein guter Mitarbeiter, aber kein Chef.
- Ich kann meine Kraft für andere Dinge einsetzen.

Möglichkeit 3: Ich überprüfe die Reaktion der Umgebung
Wie reagiert die Umgebung des Machtmenschen auf Anordnungen, Befehle und autoritäre Weisungen? Eine therapeutische Regel lautet: »Sag mir, was die anderen machen, ich sage dir, was der Machtmensch gewollt hat.« Also: Reagiert die Umgebung (Mitarbeiter und Untergebene) mit *Angst*, dann will der Machtmensch anderen auch Angst einjagen. Er will einschüchtern. Das ist die typische Haltung von Herrn Müller in Beispiel 1.

Je selbstbewusster Sie auftreten, je weniger Sie sich nicht auf diese Weise manipulieren lassen, desto mehr wird der Machtmensch zurückstecken. Denn er merkt, Sie haben seine Machtmethode durchschaut.

Möglichkeit 4: Ich lasse mir keine Schuldgefühle machen!
Es gehören immer zwei dazu, um Schuldgefühle hervorzurufen, einer der sie macht, der andere, der sich davon beeindrucken lässt. Diese Taktik ist ausgesprochen subtil, sodass viele sie gar nicht erkennen.

Der Machtmensch gibt sich nicht hart. Er verzichtet auf aggressive verbale Methoden. Er benutzt unter Umständen Hilflosigkeit. Wie sagte Professor Rudolf Dreikurs: »Hilflosigkeit ist die größte Machtentfaltung, die es gibt.« Häufig sind Menschen, die diese Strategie anwenden, selbst Konfliktvermeider. Sie benutzen Macht auf raffinierte Weise.

Wer selbst für Schuldgefühle anfällig ist, sollte sich innerlich wappnen und liebevoll nein sagen. Diese »sanften Machtmenschen« erleben einen Widerspruch, mit dem sie schlecht umgehen können. Herr Schulze ist ein Meister dieser subtilen Machtmethode.

Möglichkeit 5: Ich stelle seine Fachkompetenz in Frage
Machtmenschen sind häufig Persönlichkeiten, die sich ihre Macht anmaßen. Sie überschreiten ihre Kompetenz und stapeln hoch. Herr Müller gehört dazu. Angemessene Reaktionen sind:

- Ich bringe überzeugende Gegenargumente, die ruhig und selbstbewusst vorgetragen werden. Die können ihn beeindrucken.
- Ich verzichte auf verbale Angriffe.
- Ich verzichte darauf, meine Kompetenzüberlegenheit durch Überlegenheitsgesten auszudrücken.

Möglichkeit 6: Ich solidarisiere mich mit Gleichgesinnten
Ich verzichte zwar auf eine »Palastrevolution«, aber ich lasse nicht einfach über mich bestimmen und versuche, Unzufriedene auf meine Seite zu bringen. Gemeinsam entwerfen wir einen Brief, der sachlich die Probleme der Mitarbeiter beschreibt und Lösungen anbietet. Die Solidarität der Mitarbeiter, die sachlich Stärke demonstrieren und auf Provokationen verzichten, wird den Machtmenschen beeindrucken.

Möglichkeit 7: Ich formuliere Ich-Botschaften und keine Du-Botschaften

- Du-Botschaften sind sündenbockorientiert.
- Du-Botschaften klagen an.
- Du-Botschaften veranlassen den Machtmenschen, sich zu rechtfertigen.
- Du-Botschaften sind Konfliktverstärker.

Ich sage also nicht: »Sie üben Druck aus! Sie haben das Arbeitsklima verdorben!«, sondern: »Wir fühlen uns unangemessen behandelt. Wir wünschen uns ein besseres Arbeitsklima. Wir können uns vorstellen ...«

Strategie 5:
Faustlos durch die Kindheit

Kinder sollten von klein auf lernen, Konflikte durch Reden und nicht durch Schlagen zu lösen. Dazu sind allerdings viele Schritte notwendig. Nur wenn sie die Gefühle des anderen kennen und schätzen, wenn sie eine gewisse Impulskontrolle trainiert haben, können sie ohne Fäuste Machtkämpfe lösen.

Dazu gehört, dass auch Eltern und Erzieher bei Konfliktlösungen auf Macht verzichten. Wer darauf erpicht ist, zu gewinnen, wird aber vermutlich immer wieder Machtspiele einsetzen. Machtausübung ist eine Garantie dafür, dass Feindseligkeit, Ärger und Rebellion entstehen. Auch Lügen, Flucht, Abhängigkeit und Unterwerfung sind möglich, alles Umgangsmuster, die das Zusammenleben stören und zerstören.

Die niederlagelose Methode der Konfliktlösung
Diese Methode wurde von einem Amerikaner Thomas Gordon entwickelt. Sie hat weltweit große Bedeutung erlangt.

Gordon geht davon aus, dass Eltern und Erzieher, wenn sie im Umgang mit Kindern Schwarz-Weiß-Begriffe verwenden, automatisch in einen Machtkampf geraten, und zwar in einen Wettkampf zwischen zwei verschiedenen Willenskräften. Es geht ganz allein darum, wer gewinnt oder verliert.

Solche Schwarz-Weiß-Begriffspaare sind:

- hart oder weich,
- autoritär oder tolerant,
- streng oder nachgiebig.

Zwischen Eltern und Kindern gibt es Interessenkonflikte, die nur durch Kooperation gelöst werden können. Die Lösung von Konflikten geschieht allerdings ohne Niederlage. Die Methode funktioniert auch bei kleinen Kindern.

Eltern und Kinder stehen vor einer Konfliktsituation. Ein Elternteil – oder beide – bitten das Kind, sich gemeinsam mit ihm (oder ihnen) an der Suche nach einer für beide annehmbaren Lösung zu beteiligen. Eine Partei (oder beide) können mögliche Lösungen vorschlagen. Sie beurteilen sie kritisch und einigen sich schließlich auf eine für beide Parteien annehmbare, endgültige Lösung.

Die niederlagelose Methode ist eine Technik, mit deren Hilfe jeder individuelle Elternteil und jedes individuelle Kind jeden seiner individuellen Konflikte lösen kann: Sie suchen gemeinsam nach individuellen und annehmbaren Lösungen.

Die Konfliktbewältigung zeigt hierbei ein höheres Maß an Motivation seitens des Kindes, weil das Prinzip grundsätzlich auf Mitbestimmung beruht. Die niederlagelose Methode ermutigt das Kind auch, eigene Lösungen vorzubringen. Das Kind ist deshalb interessiert daran, zu sehen, ob es funktioniert.

Wenn Eltern und Kinder einen Konflikt durcharbeiten und zu einer beiderseitig befriedigenden Lösung kommen, erleben sie oft ein Gefühl gegenseitiger tiefer Zuneigung.

Die niederlagelose Methode gibt den Kindern zu verstehen, dass ihre Bedürfnisse für die Eltern und Erzieher wichtig sind. Eltern und Erzieher dürfen im Gegenzug darauf vertrauen, dass Kinder Rücksicht auf elterliche Probleme nehmen.

Auch ganze Familien können als Gruppen Entscheidungen treffen. Die Benutzung des Telefons, Schlafenszeiten, Essenszeiten, Zuweisung von Räumen und Schränken, der Zustand der Zimmer und anderes mehr können in der »Familienkonferenz« besprochen werden.

In der niederlagelosen Methode werden sechs Schritte praktiziert, um Probleme sachgerecht zu lösen. Die sechs Schritte lauten:

1. *Schritt*: Den Konflikt identifizieren und definieren.
2. *Schritt*: Mögliche Alternativlösungen entwickeln.
3. *Schritt*: Alternativlösungen kritisch bewerten.
4. *Schritt:* Sich für die beste annehmbare Lösung entscheiden.
5. *Schritt*: Wege zur Ausführung der Lösung erarbeiten.
6. *Schritt*: Spätere Untersuchung, um zu beurteilen, wie es funktioniert hat.

Thomas Gordon hat also eine Methode entwickelt, die Machtkämpfe in der Ehe, der Familie, in Betrieben und Gemeinden verringert. Voraussetzung ist, dass sie sachgerecht angewendet wird und nicht manipulativ. Wer sich intensiver damit beschäftigen will, dem empfehle ich das Buch »*Die neue Familienkonferenz – Kinder erziehen ohne Strafen*«.[1]

Praxis der logischen Folgen

Eine zweite, ausgezeichnete Methode, um unfruchtbaren Machtkämpfen und Auseinandersetzungen zu entgehen, stammt von Alfred Adler.

Kinder können nur dann ein Gefühl der Verantwortung für

ihr Handeln bekommen, wenn sie aus der Erfahrung die notwendigen Folgen ihrer Tat kennen lernen. Jede Erfahrung bereichert, ob es sich um Schmerzen, Enttäuschungen, Unglücksfälle, verschuldete oder unverschuldete Taten handelt.

Logische Folgen entmutigen und entwürdigen nicht. Das Kind lernt, zieht seine Konsequenzen und wird nicht durch vermutete feindliche Absichten des Erziehers aufgewiegelt.

Folgende Gesichtspunkte müssen allerdings beachtet werden:

1. Logische Folgen dürfen nicht im Zorn angewendet werden. Das Kind spürt, dass die Eltern traurig sind, wenn sie bestimmte Konsequenzen ziehen müssen, die vorher besprochen waren.

Ein Beispiel: Wirft ein Kind das Glas Milch um, ist es dazu angehalten, sich sofort Waschlappen und Reinigungsmittel zu beschaffen, um alles wieder in Ordnung zu bringen.

»Bring bitte alles wieder in Ordnung!«

Kein Schimpfen und keine Moralpredigten! Ein überflüssiges Wortgeplänkel schafft Widerstand und keine Einsicht.

2. Die logischen Folgen treten sofort als Konsequenz für bestimmte Verfehlungen ein. Hat das Kind versäumt, vor der Fernsehsendung die Katze zu füttern und die Katzentoilette zu säubern, wie es abgesprochen war, darf das Kind nicht fernsehen. Das ist keine Strafe, sondern eine logische Folge. Vorhaltungen und Anklagen dagegen wären Strafen oder würden als solche empfunden.

3. Kinder dürfen die logische Folge nicht als Machtmittel der Eltern verstehen. Das führt nämlich zu Machtkämpfen. Willkürliche Strafen sind ein Instrument der autoritären Erziehung, sie zwingen zu Gehorsam und Furcht. Sie wecken keine Einsicht und keine Verantwortung. Logische Folgen hingegen wollen die Verantwortung des Kindes wecken.

4. Logische Folgen öffnen die Augen für die soziale Umwelt. Sie bieten dem Kind die Chance, die Spielregeln der Gemeinschaft – etwa Rechte und Pflichten, Möglichkeiten und Grenzen – kennen zu lernen. Das Kind muss so früh wie möglich die Grenzen der Freiheit und Unabhängigkeit erfahren.

Überflüssige Bemerkungen in diesem Zusammenhang sind:

»Das habe ich dir schon hundertmal gesagt, aber du kannst ja nicht hören.«

»Jetzt löffelst du die Suppe aus, die du dir eingebrockt hast!«

Das Kind hört in den Sätzen eine feindselige Haltung, die ihm nicht weiterhilft.

Ein Beispiel: Birgit hat in der Mathematikarbeit eine 6 geschrieben.

Eltern ruhig (hoffentlich!): »Birgit, wie erlebst du selbst die Note?«

»Ich finde die auch nicht gut.«

»Was meinst du, was sollte geschehen?«

Das Kind muss lernen, dass es die Verantwortung selbst tragen muss, nicht die Eltern. Birgit muss in diesem Fall lernen, Lösungsmöglichkeiten für ihr Problem beizusteuern.

Ich möchte die logischen Folgen an einem weiteren Beispiel demonstrieren.

Hans spielt mit seinem Freund Willi im Garten. Die Mutter von Willi hat den beiden vorher gesagt, sie sollten besser auf dem freien Platz am Ende der Straße spielen, da die wertvollen Pflanzen im Garten bei Ballspielen leicht in Mitleidenschaft gezogen werden könnten. Die beiden haben sich aber nicht daran gehalten und toben nun auf dem kleinen Grundstück herum. Plötzlich tritt Hans in eine Blumenschale und das schöne Tongefäß zerbricht. Die beiden Freunde erscheinen kleinlaut bei der Mutter von Hans und beichten das Unglück.

Ganz ruhig sagt die Mutter: »Das ist aber schade. Was meinst du, was die Schale kostet?«

Willi: »Mein Vater hat sagt, sie hätte 20 Euro gekostet.«

Hans: »Ganz klar, ich habe die Schale kaputt gemacht, ich muss sie auch ersetzen. Ich möchte auf keinen Fall, dass mit Willis Eltern deswegen Krach entsteht.«

Mutter: »Hast du denn so viel in der Spardose?«

Hans läuft in sein Zimmer und holt die Sparbüchse. »Ich habe 14 Euro. Kannst du mir den Rest leihen, Mutter?«

Mutter: »Ich gebe dir den Rest, aber ich ziehe dir monatlich 2 Euro von deinem Taschengeld ab, bis der Betrag zurückerstattet ist. Einverstanden?«

Fällt Ihnen etwas auf? Die Mutter schimpft nicht und hält auch keine Moralpredigt. Die beide Jungen wissen genau, was sie getan haben. Beide müssen ihren Kopf hinhalten und Hans wird sich überlegen, noch einmal die Ratschläge der Erwachsenen zu ignorieren.

Selbstverständlich können die Eltern dem Kind einen Teil der Schuld erlassen. Aber ein falsches Entgegenkommen verleitet es womöglich dazu, mit der Großzügigkeit der Eltern zu rechnen.

Die ruhige Konsequenz der Mutter fördert weder Wut noch gegenseitige Feindseligkeit.

Strategie 6:
Praktizieren Sie keine falsche Verantwortung

Wenn man sich mit Eltern über Kinder unterhält, die schlechte Esser sind, kommt immer wieder ihr Verantwortungsgefühl gegenüber dem Kind zum Ausdruck.

- »Wo soll das Kind ohne die richtigen Vitamine und Eiweißstoffe denn hinkommen?«

- »Bei der geringsten Krankheit hat es keine Abwehrstoffe. Außerdem sind solche unterernährten Kinder ja ständig krank und fallen ihren Eltern zur Last.«
- »Wie soll das Kind denn in der Schule aufpassen können? Es leidet schon an Konzentrationsstörungen. Wir geben ihm das Mittel XYZ, damit es auf diese Weise wenigstens die nötigen Vitamine erhält.«

Was meinen Sie, kann hinter diesem durchaus glaubhaft vorgetragenen Verantwortungsgefühl nicht ein Konflikt zwischen Mutter und Kind stehen?

- Will die Mutter damit vielleicht ihren Machtwillen tarnen?
- Will die Mutter vielleicht darüber das letzte Wort behalten, was das Kind essen soll?
- Hat das Kind nicht eine Waffe in der Hand, um die Mutter zu ärgern und sich gegen sie zu behaupten?

Sind nicht die Bestrafungen der Mutter der beste Beweis dafür, dass sie ihren Willen durchsetzen will?

- »Wollen doch mal sehen, wer hier das Sagen hat.«
- »Du bleibst so lange vor dem Rotkohl sitzen, bis du ihn aufgegessen hast – und wenn du morgen früh noch hier sitzt!«

Das ist eindeutig Machtstreben. Hier steht das Ansehen der Mutter auf dem Spiel.

Niemals darf ein Kind zum Essen gezwungen werden, wenn es keinen Hunger hat. Auch die pädagogisch falschen Redensarten müssen unterbleiben:

- »Wenn du deinen Teller schön leer isst, bist du ein braves Kind! Du willst doch ein braves Kind sein?«
- »Wenn du das Gemüse nicht aufisst, bist du sehr böse! Und böse Kinder mag niemand gern.«

So harmlos diese Redewendungen klingen mögen, sie sind nicht nur überflüssig, sie sind sogar gefährlich. Essen und Nichtessen haben etwas mit Hunger-Haben und Keinen-Hunger-Haben zu tun. In dem Augenblick aber, wo wir Essen mit Bravsein und Nichtessen mit Ungehorsam verknüpfen, müssen wir auch die Folgen tragen. Wir drücken dem Kind eine Waffe in die Hand und ein Machtkampf beginnt. Solchen Ungehorsam haben sich die Erwachsenen aber selbst zuzuschreiben.

Dieser Konflikt, der sich mit zunehmendem Alter Bahn verschafft, kann schon in der Stillzeit begonnen haben. Grundlegende Fehler können hier das schnelle Füttern eines Kindes sein oder Lärm, Unruhe und fehlende Zeit der Mutter. Das Kind wird angetrieben und spürt die Unruhe der Mutter genau. Auf dem Herd kochen die Kartoffeln, die Milch droht überzukochen, das Telefon oder die Haustürklingel läuten. Die Mutter ist nicht ausgeruht und eine Spannung zwischen ihr und dem Kind schleicht sich allmählich ein. Diese Spannung wächst und auf einmal ist ein herrlicher Machtkampf im Gange.

Die Weichen für tief greifende Störungen können bereits im ersten Lebensjahr gestellt werden. Störungen dabei sind in erster Linie der teilweise oder völlige Entzug der mütterlichen Zuwendung. Der Entwicklungsprozess der Kinder wird gehemmt, sie bleiben seelisch unterernährt.

Die Mutter ist für das Kind die gute Welt schlechthin. An der Mutterbrust verstummt der schreiende Säugling, er wird zufrieden und still. Alle Gefühlsäußerungen, auch Abneigung, Angst, Freude, Ärger, Wut, ja sogar Depressionen und seelische Verstimmungen werden übertragen. Das Kind spiegelt in seinem Gesichtsausdruck und Verhalten die Seelenharmonie und Disharmonie wider. Mütter, die ihren Willen durchsetzen, die das Kind zum Essen zwingen und die ihre Autorität geltend machen, treffen das Kind an seiner empfindlichsten Stelle: Sie entziehen ihm die Liebe! Das Kind spürt, dass das natürliche Treueverhältnis zu Bruch gegangen ist, dass es vergewaltigt und nicht geliebt wird.

Und wie gehen wir solchen Machtkämpfen aus dem Weg? Wir können sagen, und zwar ohne Affekt:

»Wenn du nicht essen willst, hast du sicher keinen Hunger. Du musst auch nicht essen. Heute Abend gibt es die nächste Mahlzeit.«

Wir zwingen das Kind nicht zum Essen. Wir unterstellen auch keine Bosheit in seinem Verhalten. Das Essen wird kommentarlos – ohne Bitterkeit und ohne Vorwürfe – abgeräumt. Das Kind spürt keinen Widerstand mehr, fühlt sich nicht mehr herausgefordert. Die Spannung verschwindet, der Machtkampf wird beigelegt. Das Kind isst wieder, ohne eine Niederlage eingesteckt zu haben. Alle bissigen und ironischen Bemerkungen unterbleiben, weil sie nur zum Widerstand reizen.

Wir drohen dem Kind auch nicht. Jede Drohung ist ein aufgeblasener Machtanspruch.

»Bilde dir bloß nicht ein, du bekommst zwischendurch etwas, wenn du deinen Teller nicht leer isst! Ich werde die Kekse und den Zwieback beiseite stellen und die Schoko-Waffeln schließe ich im Küchenschrank ein!«

Drohungen und negative Gefühlsentladungen der Eltern und Erzieher sind keine Hilfe für ein fruchtbares Zusammenleben. Das Klima ist vergiftet.

Wir sind für Spannungen im Miteinander verantwortlich. Auch der folgende Satz, den selbst Psychologen als Rat weitergeben, ist unpassend:

»Wenn ich wütend und ärgerlich bin, sollen die Kinder das

auch wissen. Meinen Ärger und meine Wut lasse ich raus, damit die Kleinen verstehen, wo sie dran sind!«

Als Seelsorger und Therapeut stimme ich damit nicht überein. Wir haben uns zwar *ent*lastet, indem wir unseren Zorn rausgelassen haben, aber die anderen sind nun *be*lastet.

Die biblischen Maßstäbe klingen ebenfalls anders. Paulus gibt für das Zusammenleben in Ehe, Familie und Gemeinde folgenden Tipp:

»Lasst kein giftiges Wort über eure Lippen kommen. Seht lieber zu, dass ihr für die anderen in jeder Lage das rechte Wort habt, das ihnen weiterhilft. ... Weg also mit aller Verbitterung, mit Aufbrausen, Zorn und jeder Art von Beleidigung! Schreit einander nicht an, legt jegliche feindselige Gesinnung ab.« (Epheser 4, 29 und 31)

Wer Gift verspritzt, vergiftet die Atmosphäre. Machtkampf löst keine Probleme. Beten wir darum, dass keine feindselige Gesinnung unser Zusammenleben erschwert.

Strategie 7:
Die Anti-Ärger-Praxis

Viele Ehepartner verstehen es, den Ärger, der hier und da nicht zu vermeiden ist, mit allen Mitteln zu verstärken. Wenn der eine Partner das Problem abwiegeln möchte, wird der andere erst recht ärgerlich.

Sie sagt: »Warum ärgerst du dich denn? Das sind doch Kleinigkeiten! Ich habe es nicht so gemeint. Vergiss es doch!«

Er antwortet: »Ich will es aber nicht vergessen! Außerdem sind es keine Kleinigkeiten. Und überhaupt, ich will mich ärgern!«

Sie gießt noch ein bisschen Öl ins Feuer und er verbrennt dieses Öl um so leidenschaftlicher. Beide machen sich gegenseitig nieder, jeder reagiert seinen Frust am anderen ab. Wut,

Zorn und Ärger aber, die herausgeschrien werden, lösen keine Konflikte.

Wut und Ärger sind Verhaltensmuster, für die sich die Partner Entschuldigungen zurechtlegen. Jeder kennt seine speziellen Ausreden:

- »Ich bin nun mal so, ich kann nicht aus meiner Haut. Schon mein Vater hat gesagt, ich sei ein Choleriker.«
- »Ein richtiger Mann muss auch mal ärgerlich werden!«
- »Ich habe eine jähzornige Komponente. Das habe ich von meinem Großvater geerbt.«
- »Das darf ich mir nicht bieten lassen, sonst tanzt mir meine Frau noch auf der Nase herum!«
- »Wenn ich als Ehefrau meinen Ärger nicht leidenschaftlich und laut äußere, hört mein Mann mir nicht zu. Der glaubt ja, er hätte ein Lamm zur Frau!«

Ehepartner, die sich wie wild gewordene Kinder benehmen, die sich gegenseitig anschreien und ihren Ärger mit geballten Fäusten, hysterischen Gesten und motorischen Arm- und Beinspielen dokumentieren, wollen beeindrucken, wollen imponieren, wollen gehört werden, wollen sich durchsetzen, wollen ihre Macht ausspielen und dem geliebten Partner zeigen, was die Uhr geschlagen hat. Im Hintergrund stehen Angst und Ohnmacht:

- Angst, nicht ernst genommen zu werden,
- Angst, übersehen zu werden,
- Angst, versklavt zu werden,
- Angst, an die Wand gespielt zu werden,
- Ohnmacht, eingeschränkt zu werden,
- Ohnmacht, unterdrückt zu werden.

Angst ist der Glaube, dass etwas misslingt. Angst ist der Glaube, dass etwas Unangenehmes passiert. Angst ist Pessimismus. Sie untergräbt den Erfolg und eine fruchtbare Kooperation. Also müssen Verhaltensmuster her, die aus ähnlichem Holz geschnitzt sind: Wut, Ärger und Jähzorn.

Ärger und Wut werden zielgerichtet eingesetzt, werden zweckdienlich verwendet. Jeder der Beteiligten kann sich fragen: »Was willst du eigentlich mit diesen Demonstrationen deines Ärgers erreichen?«

- »Hast du es nötig, dem anderen zu zeigen, wie leidenschaftlich ärgerlich du sein kannst?«
- »Glaubst du, nur durch lautstark vorgetragene Unzufriedenheit wirst du ihn nachhaltig beeindrucken?«
- »Muss ich dem Partner meine Überlegenheit demonstrieren?«
- »Will ich mich rächen, weil ich glaube, dass er mir schrecklich Unrecht getan hat?«

Diese Gefühle und Gedanken kann der Ehepartner formulieren und ohne Vorwurf zum Gesprächsthema erheben. Plötzlich ist die Schwachheit verschwunden, die Ohnmachtsgefühle fallen vom Partner ab. Die Demonstration der Macht hat ein Ende, der Kampf bleibt aus. Jeder kann dem anderen signalisieren: »Du, das ist mein Gefühl. So sieht es in mir aus!«

Das ruhige Gespräch zeigt die Gleichwertigkeit der Eheleute. Sachlichkeit triumphiert, Ichbezogenheit wird klein geschrieben.

Ärger und Wut sind Durchsetzungstechniken, die wir selbst produzieren und im zwischenmenschlichen Umgang einsetzen. Der Grad der körperlichen Erregung ist mit der Intensität unserer Absicht, etwas zu erreichen, koordiniert. Je mehr ich demonstrieren *muss,* desto lauter und unangenehmer ist die »ärgerliche Begleitmusik«.

Jesus geht mit aggressiven Vorwürfen und Schimpfworten hart ins Gericht: »*Aus dem Herzen kommen böse Gedanken (...).*«

Jesus sagt im Neuen Testament:

»*Morde nicht! Wer einen Mord begeht, soll vor ein Gericht gestellt werden. Ich aber sage euch: Schon wer auf seinen Bruder (oder seine Schwester) zornig ist, gehört vor Gericht. Wer aber zu seinem Bruder (zu seinem Ehepartner) sagt: ›Du Idiot!‹, der gehört vor das oberste Gericht. Und wer zu seinem Bruder sagt: ›Geh zum Teufel‹, der verdient ins Feuer der Hölle geworfen zu werden.*« (Matthäus 5, 21–22)

Zwietracht und Feindseligkeit beginnen in unseren Herzen. Schimpfworte und wütende Angriffe sind kein Pappenstiel, denn die Machtkämpfe, die sich daraus entwickeln, zerstören die Harmonie. Jesus wusste, warum er so hart und konsequent vor wütenden Angriffen und boshaftem Ärger in zwischenmenschlichen Beziehungen warnt.

- Am Ende steht die kaputte Ehe,
- am Ende steht die zerstörte Familie,
- am Ende stehen destruktive Beziehungen.

Strategie 8: Wer den anderen annimmt, gibt seine Machtansprüche auf

Wer kritisiert, lässt den anderen nicht stehen, wie er ist. Wer kritisiert, will den anderen verändern und ummodeln.

Der schon zitierte Thomas Gordon schreibt:

»*Ebenso verbreitet ist die Überzeugung, dass man Kindern bei der Verbesserung von Fähigkeiten oder Verhaltensweisen hilft, indem man sie auf Fehler oder das, was für einen nicht annehmbar ist, hinweist. Deshalb stützen sich die meisten Eltern und Lehrer im Umgang mit Kindern fast ausschließlich auf ›korrigierende Botschaften‹, auf Beurteilung, Kritik, Strafpredigten, Moralisieren, Er-*

mahnungen, Beschimpfungen und Beschuldigungen. Alle diese Botschaften signalisieren eine Nichtannahme des Kindes.«[2]

Gordon geht mit der Kritik rigoros ins Gericht. In ihr sieht er

- eine Herabsetzung des Kindes,
- einen Machtbeweis,
- eine Nichtannahme des Kindes.

Annahme des Kindes bzw. Annahme des anderen ist ein Schlüssel für alles pädagogische und geistliche Handeln. Annahme des anderen beinhaltet größtmögliche Förderung. Sie verhindert Trotz, Rebellion und Widerstand. Paulus spricht im Römerbrief die Annahme durch Christus als eine zentrale christliche Botschaft an:

»*Nehmt einander an, wie Christus euch angenommen hat.*« (Römer 15, 7)

Christus hat uns bedingungslos akzeptiert. Er hat voraussetzungslos ja zu uns gesagt. Er meldet keine Kritik an, sondern liebt uns. Er streckt uns nicht den moralischen Zeigefinger entgegen, sondern seine liebenden Hände.

Was wollen Menschen mit Kritik eigentlich bezwecken?

- Fühlen Sie sich unterlegen und müssen die anderen heruntermachen?
- Wollen Sie jemand beweisen, dass Sie stärker sind?
- Wollen Sie jemand beweisen, dass Sie im Recht sind?
- Wollen Sie jemand kränken?
- Wollen Sie jemand verletzen?
- Wollen Sie jemand quälen?
- Wollen Sie Ihre Macht und Überlegenheit demonstrieren?

Jeder von uns muss sich fragen, was er mit Kritik, Vorurteilen und Unterstellungen im Schilde führt. In der Bergpredigt nimmt Jesus unseren Kritik- und Richtgeist aufs Korn, wenn er formuliert:

»*Verurteilt nicht andere, damit Gott nicht euch verurteilt. Denn euer Urteil wird auf euch zurückfallen und ihr werdet mit demselben Maß gemessen werden, dass ihr bei anderen anlegt. Warum kümmerst du dich um den Splitter im Auge deines Bruders und bemerkst nicht den Balken in deinem eigenen?*« (Matthäus 7, 1–3)

Wer richtet und mit Kritik schnell bei der Hand ist,

- will überlegen sein,
- handelt fehlerorientiert,
- will seine Tüchtigkeit und Korrektheit unter Beweis stellen,
- macht sich zum Ankläger,
- handelt unbarmherzig,
- spielt sich zum Pharisäer auf
- und will seine Macht beweisen.

Wir sind betriebsblind und sehen den Balken in unserem eigenen Auge nicht. Das Brett vor dem Kopf macht uns ungerecht. Kritik und Richtgeist aber fallen auf uns zurück. Die Messlatte, die wir selbst anlegen, stellt am Ende unseres Lebens das Richtmaß dar.

Es ist schon so, seit dem Sündenfall im Paradies spielen Macht- und Überlegenheitsstreben bei uns Menschen eine entscheidende Rolle. Wir wollen herrschen und uns die Butter nicht vom Brot nehmen lassen. Wir möchten gelten und etwas darstellen. Mit unzähligen Tricks und raffinierten Verhaltensmustern versuchen wir, unsere Macht zu kaschieren.

Gott schenke uns, dass wir unsere versteckten und verdeckten Machtmuster erkennen, sie ins Gebet nehmen und korrigieren!

Strategie 9: Übernehmen Sie Verantwortung!

Es gibt ein ärgerliches, aber wahres Wort: »Wer nichts macht, erlebt die Macht!«

- Wer nicht entscheidet, über den wird entschieden.
- Wer nicht regiert, kann nur noch reagieren.
- Wer zu lange wartet, den bestraft das Leben.
- Wer sich passiv verhält, der wird aktiv überrollt.
- Wer nicht die Initiative ergreift, wird von anderen mitgerissen.

Mit anderen Worten: Wir müssen unsere Verantwortung wahrnehmen. Wer schweigt, macht sich schuldig. Allerdings gilt auch: Wer Verantwortung übernimmt, macht sich die Hände schmutzig und kann Fehlentscheidungen treffen.

Der Passive erzieht den Machtmenschen, den Herrscher, der sich alles erlauben darf. Der Zögerliche ermutigt den Machtgierigen, der die Entscheidung an sich reißt.

Als sich die Parteien in der Weimarer Republik zerstritten, ergebnislos debattierten und die Verantwortung schleifen ließen, kam der starke Mann, der die »Quasselbude« (das Parlament) lächerlich machte und diktatorisch die Macht an sich riss. Hitler war gefürchtet und damals doch willkommen. Mit aller Gewalt übernahm er Macht und traf sofort Entscheidungen, wenn auch die falschen.

Herrscher und Beherrschte spielen immer perfekt zusammen. Herrscher können nur in einem Klima der Resignation, der Passivität und des Schweigens gedeihen. Wo sich Menschen solidarisch gegen Machthungrige zusammenschließen, wie unter Lech Walesa in Polen oder in der ehemaligen DDR vor der Wende, da lernen die Mächtigen das Fürchten.

Und wo stehen die Christen?

- Christen sind mündige Bürger, die Machtmissbrauch ablehnen.
- Christen sind mündige Bürger, die beten *und* arbeiten, die beten und handeln.
- Christen sind mündige Bürger, die in Familien, Gemeinden und in der Gesellschaft Verantwortung übernehmen.
- Christen sind Salz und Licht der Welt. Aber das Salz darf nicht im Schrank verschlossen bleiben und das Licht darf nicht gut versteckt in einem dunklen Raum eingesperrt werden.

Von uns Christen wird ein Bekenntnis verlangt:

»*Wer nun mich bekennt vor den Menschen, den will ich auch bekennen vor meinem himmlischen Vater.*« (Matthäus 10, 32)

Was aber heißt Verantwortung? Der Theologe und Sprachforscher Friso Melzer formuliert es folgendermaßen:

»*Das Wort Verantwortung ist ein Wort aus der Rechtssprache gewesen. Der Angeklagte hat dem Ankläger Rede und Antwort zu stehen. Die Vorsilbe ant entspricht sprachgeschichtlich dem griechischen anti = gegen. Die Antwort, die in der Verantwortung steckt, ist also eine Gegenrede. Mich trifft ein Wort und ruft mich zum Gegenwort. Der höher Stehende ruft den Untergebenen zur Verantwortung. Das ist ein persönlicher Vorgang, der sein Urbild darin hat, dass Gott den Menschen ruft: ›Kain, wo ist dein Bruder Abel?‹ Verantwortung lebt und wirkt zwischen zwei Personen.*«[3]

Gott hat uns Menschen die Verantwortung über die Erde aufgetragen. In seinem Namen dürfen wir sie uns untertan machen. Wir dürfen die Schätze der Erde genießen, aber wir dürfen sie nicht ausbeuten. Wir dürfen die Erträge der Erde gebrauchen, aber wir dürfen sie nicht missbrauchen. Jeder Raubbau ist Machtmissbrauch und Sünde, eine Zielverfehlung des Auftrags. Verantwortung vor Gott und dem Nächsten, das sind die zwei Pfeiler, in die unser Leben gespannt ist.

Strategie 10: Jesu Liebe ist gewaltig – aber nicht gewalttätig

Es ist keine Frage, Jesus hat Machtstreben kategorisch abgelehnt.

- Er wollte nicht herrschen, sondern dienen.
- Er wollte nicht Gewalt anwenden, sondern Liebe üben.
- Er will den Sanftmütigen die Erde anvertrauen.

Am Ende des Matthäusevangeliums heißt es:

»Mir ist gegeben alle Gewalt im Himmel und auf Erden. Darum geht hin und macht zu Jüngern alle Völker; taufet sie auf den Namen des Vaters und des Sohnes und des heiligen Geistes und lehret sie halten alles, was ich euch befohlen habe. Und siehe, ich bin bei euch alle Tage bis an der Welt Ende.« (Matthäus 28, 18–20)

Diese Stelle, der so genannte Missionsbefehl, ist kein Aufruf dazu, mit aller Macht und aller Gewalt die »Gute Nachricht« unter den Völkern durchzusetzen. Immer wieder hat es in der Welt- und Kirchengeschichte diesbezüglich leider Missverständnisse gegeben. Menschen haben mit Schwert und Gewalt die Botschaft der Liebe verbreitet. »Willst du nicht mein Bruder sein, so schlag ich dir den Schädel ein!« – diese Gesinnung hat die Botschaft der Liebe pervertiert.

Jesus selbst hat in seinem Leben bis hin zum Kreuz jeder Gewaltanwendung sein entschiedenes Nein entgegengesetzt.

»Mir ist gegeben alle Gewalt im Himmel und auf Erden.«

Was heißt das?

Man kann auch anders sagen: »Mir ist alle Verfügungsgewalt im Himmel, in der Welt Gottes, und auf der Erde gegeben.« Die »Gute Nachricht« übersetzt: *»Gott hat mir unbeschränkte Vollmacht im Himmel und auf der Erde gegeben.«*

Das bedeutet:

- Jesus hat die Autorität im Himmel und auf Erden.
- Jesus hat die Macht und Vollmacht über die Dämonen, über den Tod und den Teufel.
- Jesus hat die Macht und die Vollmacht, Sünden zu vergeben.

Darum schreibt Pfarrer Hans-Georg Filker:

»*Ich weiß: Bosheit, Brutalität, Gewalttätigkeit kann sich nicht auf Jesus berufen, sondern entzieht sich bewusst (oder unbewusst) der Verfügungsgewalt Jesu. Wer so handelt – auch in der christlichen Gemeinde –, riskiert und vollzieht einen Bruch mit Gott.*«[4]

Sofort nach der Vertreibung aus dem Paradies schildert uns Gottes Wort die Gewalt- und Mordgeschichte von Kain an Abel. Feindschaft, Mord und Krieg nehmen ihren Anfang. Der gefallene Mensch ist machtgierig und geltungssüchtig. Hass, Machthunger und Überlegenheitsstreben bestimmen sein Planen und Denken.

Gott warnt uns, dass eifersüchtiges Vergleichen, Konkurrenzstreben und Neid Wegbereiter eines zerstörerischen Zusammenlebens sind.

Aber wir können einem maßlosen Machtstreben auf allen Gebieten begegnen, indem wir *seine* Liebe zum Maßstab unseres Fühlens, Denkens und Planens machen.

Literaturhinweise

Kapitel l: Der Wille zur Macht

1 Thomas Gordon, *Das Gordon-Modell,* Hrsg. von Karlpeter Breuer, Heyne Verlag, München 1998, S. 79 f.

2 Thomas Gordon, *Die neue Familienkonferenz,* Heyne Verlag, München 1994, S. 130

3 Aus: Friedrich Nietzsche, *Aphorismen,* Kroner Verlag

4 Aus: Friedrich Nietzsche, *a. a. O.,* Aphorismus 958

Kapitel 3: Allmachtsstreben

1 Horst Eberhard Richter, *Der Gotteskomplex,* Rowohlt Verlag, Reinbek bei Hamburg 1990 (24.–27. Tausend), Vorwort

2 Horst Eberhard Richter, *a. a. O.,* Vorwort

3 Helmut Thielicke, *Wie die Welt begann,* Quell Verlag, Stuttgart (23.–32. Tausend), S. 140

4 James Dobson, *Minderwertigkeitsgefühle – eine Epidemie,* Editions Trobisch, Kehl 1987 (2. Auflage), S. 178 f.

5 James Dobson, *a. a. O.,* S. 13

6 Helmut Thielicke, *a. a. O.,* S. 152

7 William Backus/Marie Chapian, *Befreiende Wahrheit,* Projektion J Verlag, Hochheim 1983, S. 49

8 Anselm Grün, *Tu dir doch nicht selbst weh,* Grünewald Verlag, Mainz 1999 (4. Auflage), S. 14

Kapitel 4: Das Lebensmotiv: Streben nach Macht

1 Helmut Fuchs/Andreas Huber, *Die 16 Lebensmotive,* dtv Verlag, München 2002

2 Lawrence J. Crabb, *In guten wie in bösen Tagen,* Brunnen Verlag, Gießen 1989, S. 23

Kapitel 5: Wie reagieren Kinder auf elterliche Macht?

1 Thomas Gordon, *Die neue Familienkonferenz,* Heyne Verlag, München 1993, S. 123 f.
2 Christa Mewes, *Ein Geschwür bricht auf,* idea-Spektrum, 18/2002, S. 6
3 Christian Pfeiffer, *Stoppt die Werbung im Gewaltfilm,* in: »Hörzu« 24/2002
4 Norbert Blüm, *Die Opfer von Littletown sind umsonst gestorben,* in: »Hörzu« 24/2002, S. 18

Kapitel 7: Zoff statt Zärtlichkeit – die Machtkampfehe

1 Evan Imber-Black, *Die Macht des Schweigens,* dtv Verlag, München 2000, S. 13
2 Allan u. Barbara Pease, *Warum Männer nicht zuhören und Frauen schlecht einparken,* Ullstein Verlag, München 2003 (24. Auflage)

Kapitel 9: Machtmissbrauch an Kindern und Jugendlichen

1 Klaus Hurrelmann, *Gewalt in der Familie,* in: Jugendschutz 4/1989, S. 12
2 Michele Elliot, *So schütze ich mein Kind,* Bastei-Lübbe, Bergisch Gladbach 1995, S. 270 f.

Kapitel 10: Macht und christlicher Glaube

1 Leo Booth, *Wenn Gott zur Droge wird,* Kösel Verlag, München 1990, S. 33

Kapitel 11: Allmachtsstreben – der Turmbau zu Babel

1 Hansjörg Bräumer, *Das erste Buch Mose,* Wuppertaler Studienbibel, R. Brockhaus Verlag, Wuppertal 1983, S. 219 f.
2 Helmut Thielicke, *Wie die Welt begann,* Quell Verlag, Stuttgart 1963, S. 230
3 Hansjörg Bräumer, *a. a. O.,* S. 234
4 Karl-Heinrich Bette, *Volles Risiko,* in: Psychologie heute, 5/2003, S. 42 ff.

Kapitel 12: Wie begegnen wir destruktivem Machtstreben?

1 Thomas Gordon, *a. a. O.*
2 Thomas Gordon, *a. a. O.,* S. 234 f.
3 Friso Melzer, *Das Wort den Wörtern,* J. C. B. Mohr (Paul Siebeck), Tübingen 1965, S. 326
4 Hans-Georg Filker, *Gewalt,* in: Anruf 5 u. 6. 1996, S. 4 f.